Telephone

SPEED UP BIZ ENGLISH Telephone

초판 1쇄 2005년 11월 20일
초판 3쇄 2010년 3월 5일

지은이 _ 3Life 어학연구소
펴낸이 _ 김태웅
펴낸곳 _ 홍익미디어플러스(주)(동양북스)
편 집 _ 서소연, 임민정, 김선영, 강경양
마케팅 _ 권혁주, 나재승, 정상석, 서재욱, 김승인, 최상기, 김지원
제 작 _ 현대순

출판등록 _ 제 2-4410호(2006년 2월 22일)
주소 _ 서울시 마포구 서교동 463-16호 (121-842)
전화 _ (02)333-0957   팩스 _ (02)333-0964
홈페이지 _ www.hongikmediaplus.co.kr / www.dongyangbooks.com

ISBN 978-89-90567-33-8
ISBN 978-89-90567-32-1 (세트)

▶ 홍익미디어플러스는 동양북스의 영어 · 유럽권 어학 전문 브랜드입니다.
▶ 본 책은 저작권법에 의해 보호를 받는 저작물이므로 무단 전재와 복제를 금합니다.

SPEED UP
BIZ
ENGLISH

전화영어
Telephone

이 책을 들어가기에 앞서서

The Way to Upgrade Yourself For Big Success in Your Life

 회사에서 혹은 비즈니스 회의석상에서 '이 말을 이 상황에 쓰면 되는데, 그것을 영어로 어떻게 표현하더라?' 라며 안타까워 한 적이 누구나 한 번은 있을 것입니다. 취업을 준비하면서, 혹은 업무상 필요에 의해 열심히 토익공부를 해서 원하는 점수를 얻은 사람도 막상 영어로 말해야 하는 순간에는 말문이 탁 막히는 경우가 있습니다. 연습을 하면 된다는데, 어디서부터 어떻게 시작해야 할지 막연한 직장인들에게 권하고 싶은 책이 바로 Speed Up BIZ English 시리즈입니다.

 이 책은 일상적으로 자주 쓰이는 전화, 회의 등의 일상 업무 표현과 이메일로 업무처리를 하는 직장인들을 위해 손쉽게 찾아 바로 활용할 수 있도록, 업무의 흐름에 따른 표현 위주로 구성했습니다. 각 분야별로 자신이 취약한 부분을 익혀서 충분히 연습할 수 있도록 한 권씩 따로 분류하여 시리즈로 구성했으며, 같은 상황에서도 다양하게 말하고 쓸 수 있도록 다양한 표현을 실었습니다. 우리말 표현을 보면서, 때로는 영어 표현을 보면서, 필요한 상황에 적절하게 활용할 수 있기를 바랍니다.

 또한, 비즈니스에 필요한 표현을 다양하게 익히면서 다양한 비즈니스 상황에 능수능란하게 의사소통할 수 있도록 다양한 비즈니스 실용 지식에 많은 심려를 기울였기에 어떤 다른 비즈니스 영어교재보다도 풍부하고 알찬 자료를 얻을 수 있으리라 자부합니다.

 본 비즈니스 시리즈가 비즈니스 영어에 대한 자신감뿐만 아니라 글로벌 리더로서의 삶에 대한 자신감까지 줄 수 있기를 바랍니다. 작은 차이가 큰 변화를 만들며, 작은 차이는 나로부터 비롯됩니다. 자, 바로 지금부터 시작해보세요.

3Life 어학연구소

이 책의 특징

1. 실무에 바로 쓸 수 있는 풍부한 전화 영어 예시문 제공
이 책은 경쟁력 있는 비즈니스를 가능하게 하는 필수 아이템으로, 사업상 전화로 영어를 써야 하는 비즈니스맨들에게 다양한 상황에서의 영어표현을 제시하고 있다. 전화 영어를 쓰다 보면 간단한 문장이지만 어떻게 써야할 지 몰라 우왕좌왕 했던 경험은 누구나 한 번쯤 있을 것이다. 본 책에서 이런 불편함을 해소하고자 실무에 적합한 풍부한 예시문을 제공함으로써, 초보자도 쉽게 전화 영어를 쓸 수 있는 자료를 제공하고 있다.

2. 언제 어디서나 휴대 가능한 실용적 사이즈
표현집의 형태를 띠고 있어 필요한 내용을 쉽게 찾아볼 수 있고, 이동 시에도 간단히 소지할 수 있는 사이즈로 만들었다.

3. 비즈니스 관련 전화 영어 필수 상식 제공
비즈니스 관련 전화 영어 필수 상식 제공기본적으로 알아두어야 할 여러 가지 영어표현은 물론 에티켓 관련 내용 및 전화 영어와 관련된 필수 상식을 수록하였다. 또한 필수적으로 알아야 할 다양한 영어 표현들을 Tip으로 수록하였다.

4. 비즈니스 전화 영어 활용 Phone Note 제공
본 책에 수록된 비즈니스 전화 영어 활용 표현들을 문장 카드 형식으로 제공하고 있다. 업무상 자주 쓰는 내용을 낱장으로 분리해, 탁상에 붙여놓고 활용하거나 좀 더 간편하게 휴대할 수 있도록 했다.

5. 나의 경쟁력을 높이는 Speed up BIZ English 시리즈
전화영어뿐만 아니라 함께 시리즈로 출시된 E-mail영어와 프레젠테이션 영어를 함께 보면, 전화라는 한정된 상황뿐만 아니라 다양한 영역에서의 국제 감각을 준비할 수 있다.

6. 원어민 음성이 녹음된 MP-3 음원 제공
생생한 현장감이 살아 있는 MP-3 음원을 쓰리라이프 홈페이지에서 무료로 내려받아 활용할 수 있다. Go to ➡ www.hongikmediaplus.co.kr

이 책의 구성

이 책은 Part I 과 Part II 그리고 부록으로 나누어 있다. Part I 에서는 비즈니스 상황의 흐름에 따른 전화영어로 이루어져 있고, Part II에서는 기본적인 전화영어 표현을 주로 다루었다. 표현 리스트는 기본적으로 한국어를 먼저 제시하여, 적절한 표현을 손쉽게 찾도록 하였다.

Part I Actual Business Situation

비즈니스의 시작에서 마무리까지의 흐름에 따른 상황으로 구성되어 있다. 소개와 문의, 계약과 주문, 지불과 발송, 항의 및 처리의 네 가지 주제로 나누어져 있다. 네 개의 주제는 다시 다섯 개의 하위항목으로 나뉜다. 이 파트는 상황에 따른 영어표현을 제시하기 때문에, 더 많은 표현을 담고 있다.

01 제품 소개

① 귀사의 제품에 대해 말씀해 주시겠습니까?
Tell me something about your products.

② A: Please tell me something about your...
B: Compared with other laptops, ours is... comfortable to use. And this design i... popular with young people. Accordin... report of our survey team, consumer...

③ 상품을 바이어나 잠재고객에게 소개하는 경우, 무관심한 상... 끌게 하고 상대에게 이익이 있다는 것을 명확하게 제시하는... 다. 상대의 주의(Attention)을 끌고 흥미(Interest)를 갖게 하고... 확하게 하여 자사 상품에 대한 욕구(Desire)를 발생시켜 실제... 동(Action)으로 이끌게 해야 하는, 이것을 AIDA 원칙이 다... 의서하는 이 원칙에 따라 작성한다.

관련 어휘

consumer 고객　　　　　brand-new 새로운
manufacturer 제조업자　　modern 현대적인
comparison 비교　　　　unique 독창적인
demand 수요　　　　　complicated 복잡한

④ 귀사 제품은 타사 제품과 비교했을 때 어떻습니까?
How would you compare your products to th... other manufacturers?

최근에 새로운 모델을 출시했는데, 크게 히트할 것 같다.
We've just put out a new model that I know ... really go over big.

저희가 올해 출시할 예정인 새로운 특별브랜드를 좀 보여 드리겠...
I want you to have a look at the new special ... we're planning to put out next year.

저희 제품과는 비교가 안 될 것입니다.
**I bet it can't compare with ours.
There is no comparison.**

이전 모델보다 특·장점이 더 많습니다.
This has more features and advantages than...

기존 제품보다 더욱 편리하게 쓰실 수 있습니다.
It is more convenient than the previo...

미국에서 크게 히트한 상품입니다.
This product is a big hit in the USA.

저희 제품은 가격은 저렴하지만 고품질입니다.
Our products are less expensive but ... quality.

1년 동안 무료로 AS 해 드립니다.
The product is guaranteed for 1 year.

최신 기술이 사용되었습니다.

① 각 단원의 기본 문장이 제시되어 있다.
② 기본 문장이 포함된 대화문형으로 문장이 어떻게 쓰이는지를 알 수 있도록 비교적 긴 대화를 통해 더욱 실감나는 상황을 보여준다.
③ 비즈니스 업무와 관련된 간단한 설명을 먼저 보여주고 관련 어휘를 소개하고 있다.
④ 실제 비즈니스 상황을 보여주기 때문에 주제와 관련된 많은 유사표현들을 제시하고 있다.

Part II Step to Essential

비즈니스에서 성공으로 이끄는 전화영어의 기본기를 잡아주는 부분이다. 통화 부탁, 부재 시, 간단한 용건, 약속 잡기, 전화 관련 기타 상황이라는 다섯 개의 주제로 나뉘어져 있다. 다섯 개의 주제는 각각 다섯 개의 하위 항목으로 구분되어 있다. 하위 항목은 2페이지의 구성으로 되어 있으며 왼쪽 페이지에는 주제표현과 더불어 간단한 대화문과 설명을 수록하였고 오른쪽 페이지에는 다양한 표현을 담고 있다.

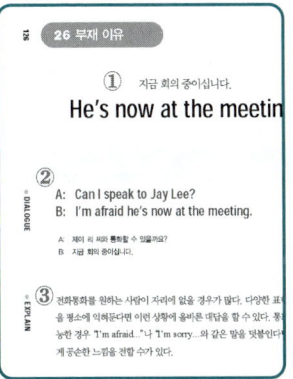
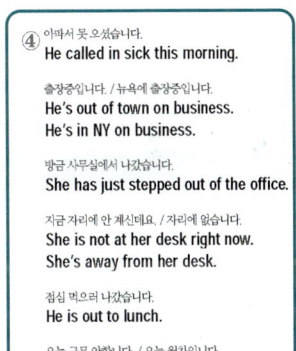

① 각 단원의 기본 문장이 제시되어 있다.
② 기본 문장이 포함된 대화문형으로 문장이 어떻게 쓰이는지를 알 수 있다.
③ 표현에 대한 설명과 부가적인 정보를 담고 있다.
④ 해당 주제와 관련된 유사표현들을 먼저 한국어로 제시하고 영어문장을 이어서 보여주고 있다. 다양한 표현들을 골라 필요한 상황에 그때그때 뽑아 쓸 수 있다.

CONTENTS

Part I Actual Business Situation

Chapter 1   소개와 문의

01. 제품 소개	귀사의 제품에 대해 말씀해주시겠습니까? Tell me something about your products.	016
02. 회사 소개	지난해 판매 실적이 어떻습니까? How was the sales performance last year?	020
03. 가격 문의	신제품 가격이 얼마입니까? How much is your new model?	024
04. 재고 문의	K25R 재고가 있는지 전화 드립니다. I'm calling to see if you have any K25R in stock.	028
05. 납품 의뢰	선적 스케줄 때문에 전화 드립니다. I'm calling about the shipment schedule.	032

Plus ● 영어로 숫자 읽기   036

Chapter 2   계약과 주문

06. 계약 협상	재고해 주실 수 있습니까? Can you think it over?	040
07. 거래 조건	거래 조건은 어떻습니까? What are your terms?	044
08. 계약 체결	합의에 이르게 되어서 정말 기쁩니다. I am very please we could reach an agreement.	048
09. 가격 협상	더 좋은 가격을 주실 수 있습니까? Could you give us a better price?	052
10. 주문	귀사의 새 모델 I-POP을 주문하고 싶습니다. I'd like to place an order for your new model I-POP.	056

Plus ● Money & Money   060

Chapter 3		지불과 발송	
11. 지불 방식		지불 조건은 어떻게 됩니까? What are the terms of your payment?	064
12. 보증, 보험		해상 보험을 올리라고 지시받았습니다. They have instructed us to raise the marine insurance.	068
13. 제품 생산		생산에 박차를 가해 주십시오. Speed up your production as much as possible.	072
14. 제품 포장		저희 주문에 특별한 포장을 부탁드리고 싶습니다. I'd like to make some special packing requirements for my order.	076
15. 선적과 발송		4주 내에 선적이 가능합니까? Can you ship these articles within four weeks?	080
Plus ● 도량형 읽기			084

Chapter 4		항의 및 처리	
16. 제품 결함		대부분의 물품에 결함이 있었습니다. There were many defects in most items.	088
17. 지불 촉구		지불이 한 달이나 지체되었습니다. Your payment is 1 month overdue.	092
18. 청구서 오류		잘못된 청구서 때문에 전화 드립니다. I'm calling about the incorrect billing statement.	096
19. 납품 지연		납품이 지연되었습니다. There's been a delay.	100
20. 손해 배상		이 클레임을 해결해야 하겠습니다. We need to settle this claim.	104
Plus ● 국가별 화폐			108

Part II Step to Essential

Chapter 1	통화 부탁		
21. 자기 소개	저는 다니엘 김입니다. This is Daniel Kim.		114
22. 연결 부탁	제임스와 통화할 수 있나요? May I speak to James?		116
23. 상대방 확인	누구신지 물어봐도 될까요? Who's calling, please?		118
24. 용건 묻기	누구와 통화하고 싶습니까? Who would you like to speak to?		120
25. 기다림과 연결	잠시만 기다리세요. 연결해 드릴게요. Hold on. I'll put you through.		122
Plus ● 전화 에티켓 1			124

Chapter 2	부재 시		
26. 부재 이유	지금 회의 중이십니다. He's now at the meeting.		126
27. 부재 이외의 이유	스미스 씨가 두 분이 있는데요. There are two Smiths here.		128
28. 부재 시 대응	그에게 내일 전화하세요. Please, call him tomorrow.		130
29. 메모 남기기	메모를 남기시겠습니까? Would you like to leave a message?		132
30. 복귀 후 연락	전화하셨다고 들었습니다. I heard you called me.		134
Plus ● 알파벳 전하는 법			136

Chapter 3	간단한 용건		
31. 안부 전화	어떻게 지내셨습니까? How have you been?		138
32. 문의 전화	팩스번호를 알고 싶은데요. I'm wondering if I can have your fax number.		140
33. 확인 전화	견적서를 받으셨나 확인 차 전화 드립니다. I'm calling to make sure that you have received the invoice.		142
34. 항의 전화	죄송하지만 클레임이 있습니다. I'm afraid I have to make a claim.		144
35. 감사 전화	25%의 거래 할인에 감사 드립니다. Thank you for the 25% trade discount.		146

Plus ● 전화 에티켓 2   148

Chapter 4	약속 잡기		
36. 약속 잡기	약속을 잡고 싶은데요. I'd like to make an appointment with you.		150
37. 약속 대답	그날은 한가합니다. I'm available on that day.		152
38. 약속 정정	5월 1일 약속을 취소해야 할 것 같습니다. I have to cancel our meeting on May 1st.		154
39. 약속 확인	약속을 확인하려고 전화 드립니다. I'm calling you to confirm our appointment.		156
40. 약속 트러블	그쪽으로 가다 길을 잃어버렸습니다. I got lost on my way to meet you.		158

Plus ● 영어로 날짜와 시간 말하기   160

Chapter 5   전화관련 기타

41. 다시 묻기	크게 좀 말씀해 주시겠어요? Would you speak up?	162
42. 전화기 문제	제 전화기에 문제가 좀 있습니다. I'm having a problem with my phone.	164
43. 장거리, 수신자 전화	국제 전화를 하고 싶습니다. I'd like to place an international call.	166
44. 항공권 예매	항공권을 예약하고 싶습니다. I need to book a flight.	168
45. 휴대폰 관련	배터리가 다 되갑니다. My batteries are almost dead.	170
Plus ● 국제 전화걸기		172

Supplement

- **전화 응답기**   Answering Machine   174
- **화상회의 & 전화회의**   Video Conference & Call Conference   177
- **세계 시차표**   World Time Zones Map   180
- **도량형 환산표**   Conversion Table   182
- **국가별 화폐**   Currency by Country   186
- **국가별 코드**   Country Code   194
- **비즈니스 필수 어휘 모음**   Biz Key Words   200

Phone Note

PART I
ACTUAL BUSINESS SITUATION

PART I
ACTUAL BUSINESS SITUATION

Chapter 1 소개와 문의
Chapter 2 계약과 주문
Chapter 3 지불과 발송
Chapter 4 항의 및 처리

Chapter 1 ● 소개와 문의

01 제품 소개 Tell me something about your products.
02 회사 소개 How was the sales performance last year?
03 가격 문의 How much is your new model?
04 재고 문의 I'm calling to see if you have any K25R in stock.
05 납품 의뢰 I'm calling about the shipment schedule.

Part I Actual Business Situation

01 제품 소개

귀사의 제품에 대해 말씀해 주시겠습니까?

Tell me something about your products.

A: Please tell me something about your products.

B: Compared with other laptops, ours is more comfortable to use. And this design is currently popular with young people. According to the report of our survey team, consumers like our products very much and rely on the quality. I am sure that our brand-new laptops will sell well here.

A: 귀사의 제품에 대해 말씀해 주시겠습니까?

B: 다른 노트북에 비해, 우리 제품은 사용하기 더 편합니다. 그리고 이 디자인은 최근 젊은 층에게 인기입니다. 저희 조사팀의 보고에 의하면 고객들이 저희 제품을 매우 좋아하고 제품 품질을 신뢰한다고 합니다. 저희 최신 노트북은 여기서도 분명히 잘 팔릴 것입니다.

상품을 바이어나 잠재고객에게 소개하는 경우, 무관심한 상대의 주의를 끌게 하고 상대에게 이익이 있다는 것을 명확하게 제시하는 것이 중요하다. 상대의 주의(Attention)을 끌고 흥미(Interest)를 갖게 하고 이익을 명확하게 하여 자사 상품에 대한 욕구(Desire)를 발생시켜 실제적인 구매행동(Action)으로 이끌게 해야 한다. 이것을 AIDA 원칙이라 하며, 판매제의서한은 이 원칙에 따라 작성한다.

관련 어휘

consumer 고객
manufacturer 제조업자
comparison 비교
demand 수요
supply 공급
quality 품질
feature 특징
advantage 장점
top-notch 최고
big hit 대히트
best seller 잘 팔리는 물건
prototype 시제품
catalogue 카탈로그
comfortable 편한
durable 내구성이 있는
convenient 편리한

brand-new 새로운
modern 현대적인
unique 독창적인
complicated 복잡한
supplementary 상호보완적인
balanced 균형이 잘 잡힌
guarantee 보증, 보장하다
adopt 채택하다
promote 촉진하다
introduce 소개하다
improvement 향상
modification 계량
environment-friendly products 친환경적인 제품
date of production / launching day 제품 출시일

귀사 제품은 타사 제품과 비교했을 때 어떻습니까?
How would you compare your products to those of other manufacturers?

최근에 새로운 모델을 출시했는데, 크게 히트할 것 같다.
We've just put out a new model that I know will really go over big.

저희가 올해 출시할 예정인 새로운 특별브랜드를 좀 보여 드리겠습니다.
I want you to have a look at the new special brand we're planning to put out next year.

저희 제품과는 비교가 안 될 것입니다.
I bet it can't compare with ours.
There is no comparison.

이전 모델보다 특·장점이 더 많습니다.
This has more features and advantages than the last model.

제일 좋은 제품입니다.
This is the best we got.
This is top-notch.

이게 요즘 유행입니다.
This is the largest selling brand.

더 내구성이 있습니다.
It is more durable.

기존 제품보다 더욱 편리하게 쓰실 수 있습니다.
It is more convenient than the previous product.

미국에서 크게 히트한 상품입니다.
This product is a big hit in the USA.

저희 제품은 가격은 저렴하지만 고품질입니다.
Our products are less expensive but higher in quality.

1년 동안 무료로 AS해 드립니다.
The product is guaranteed for 1 year.

최신 기술이 사용되었습니다.
The most advanced technology has been adopted.

개선 후에 고객층이 훨씬 넓어졌습니다.
After improvements were made, the customers base has been greatly broadened.

당사 제품의 내용은 인터넷 홈페이지에서 게재되어 있으니 참조해 주시기 바랍니다.
Our company has a homepage on the Internet. Please check there for information on our products.

02 회사 소개

지난해 판매 실적이 어떻습니까?

How was the sales performance last year?

A: Do you have any questions about our company?
B: How was the sales performance last year?
A: This company started business with sixty thousand dollars, but the sales amount was increased to forty million dollars last year.
B: That's impressive! What's your market share?
A: If I'm not mistaken, it was over eighty-five percent last year.

A: 저희 회사에 궁금한 점 없습니까?
B: 지난해 생산실적은 어떻습니까?
A: 저희 회사는 6만 달러로 사업을 시작해서, 작년에는 4천만 달러로 판매량이 늘었습니다.
B: 인상적이군요. 시장점유율이 어떻습니까?
A: 제가 맞는다면, 작년에는 85퍼센트 이상이었습니다.

무역 거래 시에 외국의 제조업자 또는 수출업자를 선정하는 작업은 현지의 견본시장에서 각 회사를 비교검토하거나, 직접 제조업자나 수출업자의 회사를 방문하여 이루어진다. 상품과 제조업자의 선정 시에는 노력과 비용을 아끼지 말아야 한다.

관련 어휘

sales performance 판매실적
profit 이익
sales amount 판매량
market share 시장점유율
gross sales 순매출
main line of business
주종 사업 분야
two-digit growth
두 자리수 성장
diversified 다양한
well-financed 자금력이 있는
competitive 경쟁력이 있는
impressive 인상적인
specialize in
~을 전문으로 하다
outsourcing 외주
branch 지사
joint venture 합병 회사

merge companies
회사를 합병하다
subsidiary 자회사
parent(holding) company
모회사
incorporated 법인의
listed company 상장 회사
foreign affiliate 외국계 회사
investment company
투자회사
establish(=found) 설립하다
employee 종업원, 직원
employer 고용주, 주인
sales force 영업사원
shareholder 주주
Chief Executive Officer(CEO)
최고 집행 임원

귀사의 주종 사업 분야는 무엇입니까?
What's your company's main line of business?

주요 생산품이 어떤 것입니까?
What are your main products?

아주 다양합니다.
We are very diversified.

의류수입을 전문으로 해 오고 있습니다.
We've been specializing in importing clothing.

가전제품에서 의류까지 넓은 범위의 제품을 만들고 있습니다.
We produce a wide range of products from electrical products to clothing.

대부분의 생산을 해외외주에 맡기고 있습니다.
We are sending production offshore.
Many products are made by outsourcing.

저희 시장점유율은 작년에 약 70%가 넘었습니다.
Our market share was over 70% last year.

매출은 작년과 비슷합니다.
The sales are pretty much the same as we've had before.

당사의 작년 매출 규모는 60억 원이었습니다.
The sales of our company were 6 billion won last year.

싱가폴과 말레이시아에 지사가 있습니다.
We have branches in Singapore and Malaysia.

저희 자회사입니다.
It's our subsidiary company.

당사는 금년에 창립 60년입니다.
Our company is celebrating its sixtieth anniversary this year.

한국교역은 1980년에 설립되었습니다.
Korea Trading was established in 1980.

당사는 2년 전에 법인으로 되었습니다.
We were incorporated two years ago.

당사의 종업원 수는 약 300명입니다.
The number of employees at our company is about 300.

03 가격 문의

신제품 가격이 얼마입니까?
How much is your new model?

A: How much is your new model?
B: It is $100.
A: Can't you quote us anything cheaper?
B: Sorry, but that's our rock bottom price.
A: Well then, how come 3D Co. is asking only $90?
B: When it comes to quality, there's no comparison.

A: 신제품 가격이 얼마입니까?
B: 100달러입니다.
A: 좀 더 싸게 해 주실 수는 없습니까?
B: 죄송하지만, 그것이 저희 최저가격입니다.
A: 흠, 그렇다면, 3D사는 왜 90달러를 청구합니까?
B: 품질로 보자면, 비교할 수가 없지요.

수입하고자 하는 상품을 선정하고 그 상품의 공급처도 선정되었으면, 거래처에 상품목록, 가격표, 설명자료, 거래조건 등의 발송을 의뢰하게 된다. 이렇게 문의하는 것을 조회(Inquiry)라고 하며 조회를 함으로써 판매자는 거래자가 구입하기를 바라는 상품에 대해 상세한 점을 알리고, 그것을 구매자가 검토하여 합의에 이르면 거래가 성립된다.

관련 어휘

wholesale price 도매가
estimated price 견적가
cost of manufacture 제조원가
cost of purchase 구입원가
sales tax 소비세
carriage, shipping cost 운송비
customs duty 통관비
airfreight charge 항공료
insurance 보험료
CIF(Cost, Insurance, Freight) 운임 · 보험료 포함 가격(조건)

FOB(Free On Board) 본선 인도 조건
raise the price 가격을 올리다
reduce(lower) the price 가격을 내리다
price increase 가격 인상
mark the price 가격을 매기다
quote 시세를 매기다
offer (가격을) 제안하다
expensive 비싼
reasonable (가격이) 적당한

이 품목의 가격은 얼마입니까?
How much are you asking for this item?
What's your asking price on this?
What's the price of this model?
Can you give me a quotation on that item?

두 모델 A와 B에 대해 어떻게 가격을 제안하시겠습니까?
What's your offer on the two models, A and B?

비용은 얼마입니까?
How much does it cost?

도매가격은 얼마입니까?
What's the wholesale price?

운송비는 얼마입니까?
How much will delivery be?

견적가는 얼마입니까?
What is the estimated price?

100개는 얼마입니까?
How much is it for 100 units?

소비세를 포함한 가격입니까?
Does the price include sales tax?

당사의 가격은 최근 1년간 그대로입니다.
Our prices have remained the same for the last year.

올해 가격인상을 15% 할 예정입니다.
We're thinking of a 15% price increase.

그 가격에는 운임이 포함되어 있습니다.
The price includes freight charges.

그 물건의 운송비는 $40입니다.
Shipping for that item will be $40.

적재인도가격이 아닌 운임과 보험료를 포함한 가격을 알고 싶습니다.
I'd like to know the CIF price instead of the FOB.

통관비용과 항공료 포함 운송료 견적을 보내주십시오.
Please send us an estimate for the shipping cost, including customs duties and airfreight charges.

04 재고 문의

K25R 재고가 있는지 전화 드립니다.

I'm calling to see if you have any K25R in stock.

A: I'm calling to see if you have any K25R in stock.
B: I'm sorry but they are out of stock now.
A: How about L26P?
B: We've temporarily run out of them, too.
A: When do you expect them to come in?
B: In fact, we have some on order so they'll be available by the end of this week.

A: K25R 재고가 있는지 전화 드립니다.
B: 죄송하지만 현재 재고가 없습니다.
A: L26P는 어떻습니까?
B: 그 제품도 일시적으로 재고가 없습니다.
A: 언제쯤 재고가 들어올까요?
B: 사실, 지금 주문 중이어서 이번 주까지는 준비될 것입니다.

구매자의 가격이나 재고의 문의가 들어왔을 경우, 판매자는 거래상의 정보뿐만 아니라 모든 사항을 망라해서 답변을 해 주는 것이 중요하다. 그리고 거래상 필요하다고 생각되는 부분에 대해서는 묻지 않더라도 판매자가 적극적으로 구매자에게 알려 거래 성립에 긍정적인 역할을 해야 한다. 이러한 조회 시 확정된 것이 아니므로 당사자가 조건을 변경하거나 취소한다 해도 법률적인 책임은 없다.

관련 어휘

stock (=inventory) 재고
temporarily 일시적으로
available 이용 가능한
run out of 다 떨어지다
overstocked 재고 과잉인
sufficient stock 충분한 재고
short of stock 재고가 부족한
clearance of the goods in stock 재고 정리
inventory turnover 재고 회전률

restock 재고를 확보하다
keep track of stocks 재고를 지속적으로 파악하다
carry a large inventory 많은 재고상품을 가지고 있다.
make an inventory / exam an inventory 재고 조사를 하다
sell off inventories 재고를 팔아치우다
role back inventories 재고를 줄이다

이 상품의 재고가 있습니까?
Is this product still in stock?

남아있는 재고가 있습니까?
Is there any stock left?

언제쯤 살 수 있을까요?
When will you have it in stock?

재고가 다 떨어졌습니다.
We are out of stock now.

현재 원하시는 디자인의 재고가 없습니다.
I'm afraid the design you want now is not in stock.

재고가 늘고 있습니다.
The inventory is increasing.

재고 과잉입니다.
We are overstocked.

죄송하게도 지금 그 모델의 재고가 다 떨어졌습니다.
I'm sorry to report we're out of stock on that particular model at the moment.
We don't carry that at the moment.
I'm sorry, that particular model is currently out of stock.

재고 중에 즉시 이용이 가능한 비슷한 제품이 없을까요?
Do you have anything similar in stock that's readily available?

재고가 없어서 주문중입니다.
We are out of stock and it is on order.

재고는 모두 자사 창고에 보유하고 있습니다.
Inventories are located in our own warehouses.

현 재고품은 시세로 팔릴 것입니다.
Present inventories will be sold at current prices.

05 납품 의뢰

선적 스케줄 때문에 전화 드립니다.

I'm calling about the shipment schedule.

A: I'm calling about the shipment schedule.
B: Which shipment are you referring to?
A: Shipment number 1050. How soon can you deliver?
B: I'll arrange to have it reach you in about two months.
A: Can you make it any sooner?
B: I'll get things moving as quickly as I can.
A: This shipment has to arrive by September 30th, no later.
B: I'm fully aware of that, Mr. Smith.

A: 선적 스케줄 때문에 전화 드립니다.
B: 어떤 선적 건을 말씀하시는 겁니까?
A: 선건 넘버 1050입니다. 얼마나 빨리 인도해 주실 수 있습니까?
B: 약 두달 안에는 납품되도록 준비하겠습니다.
A: 더 빨리는 안되겠습니까?
B: 최대한 빨리 준비하겠습니다.
A: 9월 30일까지는 반드시 도착해야 합니다.
B: 잘 알겠습니다, 스미스씨.

외국으로부터 물품을 수입하고자 할 때 주문을 발주하고 나서 물품을 손에 넣을 때까지의 소요시간을 가급적 정확하게 예측하는 것이 중요하다. 무역 거래 시 납품시기 산정에 여러 가지 변수가 작용할 수가 있다. 예를 들어, 수출업자가 물건을 준비하는 데 한 달이 걸린다고 하면 대체적으로 주문을 발주해서 물품을 손에 넣을 때까지 세 달 정도 걸린다고 계산하는 것이 안전하다.

관련 어휘

shipment schedule 선적(출하) 스케줄
initial delivery 최초 선적
delivery date 선적일
shipping instructions 선적 지시서
partial shipment 부분 출하
place of shipment 출하지
shipper, forwarder 출하자
destination 출하처, 목적지
cargo, shipping goods 선적화물
deliver 인도하다, 배달하다, 납품하다
transfer 옮기다
arrive 도착하다
extend the delivery deadline 납기를 연기하다
arrange the delivery 출하준비를 하다
meet the deadline (of the shipment) 납기를 맞추다
move up the delivery 납기를 단축하다
miss the delivery date 납기일을 놓치다

왜 그렇게 오래 걸리지요?
Why is it taking so long?

이 주문은 언제까지 돼야 합니까?
When is this one due?

얼마만에 준비할 수 있습니까?
How long does it take to prepare the product?

지금 주문하면 언제쯤 상품 인도가 가능할까요?
How soon can you deliver if I place an order right now?

물품이 도착하는 데 얼마나 걸릴까요?
How long will it take for the merchandise to arrive?

저희 주문번호 K204의 납품은 어떻게 되었습니까?
What happened to the delivery of my order No.K204?

인도일은 언제로 생각하고 계십니까?
What do you have in mind in the way of a delivery date?

첫 선적을 10월 중으로 해 주실 수 있을까요?
Can you make the initial delivery in October?

납기를 좀 앞당겨 주실 수 있습니까?
Could you move up the delivery date?

납기를 좀 연기해 주실 수 있습니까?
Could you extend the delivery deadline?

가장 빠른 인도일을 말씀해 주시죠.
Would you tell us your earliest delivery date?

되도록 빨리 제품이 필요합니다.
We need to have the products as soon as possible.

즉시 선적해 주십시오.
Please make shipment immediately.

10일 내로 사무실로 배달해 드리겠습니다.
It'll be delivered to your office in 10 days.

주문하신 것은 이미 발송 처리되었습니다.
Your order is already being processed.

영어로 숫자 읽기

1. 일반숫자
175 → one hundred (and) seventy-five / a hundred (and) seventy-five
4,196 → four thousand, one hundred (and) ninety-six
9,003 → nine thousand and three
16,812 → sixteen thousand, eight hundred (and) twelve
6,327,719 → six million, three hundred (and) twenty-seven thousand, seven hundred (and) nineteen
123,456,789 → one hundred (and) twenty-three million, four hundred (and) fifty-six thousand, seven hundred (and) eighty-nine

- 기수에서 100 이상의 수는 hundred 다음에 and를 넣어 읽는 것이 보통이나(영국 영어), 미국 영어에서는 생략하는 경우가 많다.
- 위의 4,196은 **forty-one hundred and ninety-six**로 읽어도 된다.
- 위의 9,003의 경우, 100단위의 숫자가 0일 때는 **and**를 생략할 수 없다.
- 백의 자리에는 **hundred**를, 천의 자리에는 **thousand**를, 백만의 자리에는 **million**을 붙여 읽되, 백 단위로 세 자리씩 끊어 읽는다.

2. 전화번호
713 6560 → seven one three six five six 0
247-2289 → two four seven double two eight nine (영국)
→ two four seven two two eight nine (미국)

- 0은 O[ou] 또는 zero[zi(:)rou], nought[nɔ:t]로 읽는다.

3. 금액
$ 7.25 → seven dollars (and) twenty-five cents (7달러 25센트)
£ 5 → five pounds (5파운드)
₩170 → one hundred and seventy won (170원)

- 위의 $7.25는 **seven, twenty-five**로 읽어도 된다.

4. 분수

분수를 읽을 때는 분자는 기수로, 분모는 서수로 읽으며, 분자가 2 이상이면 분모에 복수형 어미 **-s**를 붙여 읽는다.

1/2 → a half(one-half)
1/3 → one-third
1/4 → a quarter(one-fourth)
3/4 → three-fourths(three quarters)
3 + 4/5 → three and four-fifths
1/8 → an eighth(one-eighth)
152/287 → one hundred and fifty-two over two hundred and eighty-seven

- 대분수는 정수와 분수 사이에 **and**를 두어 읽으면 된다.
- 위의 예와 같이 복잡한 분수(두 자리수 이상-10단위 이상)는 분자와 분모 사이에 **over[by]**를 쓰고 분자·분모 모두를 기수로 읽는다.

5. 소수

3.14159 → three point one four one five nine
0.05 → point zero five [point oh five]
* (0.068 → nought point nought six eight)
17.43 → seventeen point four three

- 소수점은 **point**로 읽는다.
- 소수점까지는 보통 기수로 읽으며, 소수점 이하는 한 자씩 읽는다.

6. 수식

3 + 4 = 7 → Three and four are(=is, make(s)) seven.
　　　　　　Three plus four equal(s) seven.
6 + 9 = ? → What's six and nine?
8 − 3 = 5 → Three from eight leaves(is) five.
　　　　　　Eight minus three equal(s) five.
4 × 7 = 28 → Four times seven is twenty-eight.
　　　　　　Four multiplied by seven equals twenty-eight.
24 ÷ 6 = 4 → Twenty-four into six goes four.
　　　　　　Twenty-four divided by six equals four.

"해답이 없는 문제는 없다.
장애물은 당신이 장애라고 생각할 때만 장애가 된다.
그렇지 않으면 장애는 기회다."

제프 베조스 Jeff Bezos
Amazon.com, CEO

- 아날로그에서 디지털로의 발상의 전환

Chapter 2 계약과 주문

- **06** 계약 협상 Can you think it over?
- **07** 거래 조건 What are your terms?
- **08** 계약 체결 I am very pleased we could reach an agreement.
- **09** 가격 협상 Could you give us a better price?
- **10** 주문 I'd like to place an order for your new model I-POP.

Part I Actual Business Situation

06 계약 협상

재고해 주실 수는 있습니까?
Can you think it over?

A: Mr. Brown, I know our original asking price is a bit higher than our competitors, but our quality is way better.

B: I hope the average consumers would know that too.

A: If we would cut our price, that means a cut in quality. We take our brand image seriously. I'm afraid it's hard to come down on the price.

B: I think a reasonable price is the main key in agreeing to the contract. Can you think it over?

A: 브라운씨, 저희의 최초 제시 가격이 다른 경쟁사보다 약간 비싼 건 압니다. 하지만 품질은 저희가 훨씬 좋습니다.

B: 보통 소비자들도 그것을 알았으면 좋겠습니다.

A: 만약 가격을 낮추면, 품질도 떨어질 것입니다. 저희는 브랜드 이미지를 중요하게 생각합니다. 가격을 낮추는 것은 어려울 것 같습니다.

B: 제가 생각할 때, 계약을 성사시키는 데 합리적인 가격 조건이 가장 중요합니다. 재고해 주실 수 있습니까?

수입자가 해외의 수출자로부터 카다로그와 가격표를 받은 후 그 상품을 수입하려는 경우에 교섭에 들어간다. 본격적인 수입을 하기 전에 시험수입(trial import)을 하는데, 이를 위해서는 수출자로부터 오퍼를 받아야한다. offer와 counter offer 등이 오고가면서 거래가 성립되기도 하고 조건의 차이가 클 경우 성립되지 않기도 한다.

관련 어휘

contract 계약; 계약하다
agree 동의하다
think over
재고하다, 다시 생각해 보다
deal 거래; 거래하다
promise 약속; 약속하다
discuss 토의하다
negotiate 협상하다
negotiable 협상할만한

review 검토하다
concession 양보
opinion 의견
make sense 말이 되다
hard bargain 힘든 계약
mutual contract 상호 계약
win a contract 계약을 따내다
renew a contract
계약을 고치다

그렇게 하시든가 그만 두시든가 하십시오.
Take it or leave it.

거래 조건을 잘 해 드리겠습니다.
I'll give you a good deal.

귀사 상품은 아직 경쟁력이 부족합니다.
You're still not competitive.

저흰 이미 사실상 생산원가에 판매하고 있습니다.
We're already practically selling at cost.

그 문제에 대해서는 고려할 용의가 있습니다. 하지만 문제는 어느 정도냐 하는 것이죠.
I'm open to that, but the question is how far.

이것 참 곤란하게 하시는군요.
You're kind of putting me on the spot.

일단 시도는 해 보지요. 하지만 꼭 된다는 보장은 할 수 없습니다.
I'll try, but I can't give you any firm promises.

이번 양보하는 게 마지막입니다.
This is our final concession.

중요 사안에 솔직한 의견 교환을 할 수 있기를 바랍니다.
I hope we can exchange frank opinions on the major points.

다시 한 번 생각해 주실 수 없을까요?
Can't you think it over?

정말 죄송하지만 그건 받아들일 수가 없습니다.
I'm awfully sorry, but I can't accept that.

그것에 대해서는 바로 대답을 드릴 수가 없습니다.
I can't give you an answer on that right away.

이제 좀 말이 되는 말씀을 하시는군요.
Now you're beginning to make sense.

정말 너무 깎으시는군요. 하지만 좋습니다, 제가 졌습니다.
You drive a hard bargain, but, OK, you win.

07 거래 조건

거래 조건은 어떻습니까?

What are your terms?

A: What are your terms?
B: Okay, the terms of payment will be net 30 days from the invoice date.
A: That's kind of long, but, okay, how about the warranty?
B: We will replace the product during the guarantee period if it has any defect.
A: What about after the guarantee period?
B: We must ask that you pay the repair cost if the guarantee period is over.

A: 거래 조건은 어떻습니까?
B: 네, 지불일은 송장의 일자로부터 한 달로 하겠습니다.
A: 그건 좀 긴데요. 하지만 좋습니다. 품질 보증은 어떻습니까?
B: 보증 기간 중에 제품에 결함이 생길 경우 교환해 드립니다.
A: 보증 기간 후에는요?
B: 보증 기간이 지난 후에는 수리비를 받습니다.

거래 조건에서 논의되는 것은 상품의 가격, 납기, 품질, 포장, 보험, 운송방법 등 구체적인 부분들이다. 가격 조건에서는 수입항까지 운임과 보험료를 가격에 포함시키는 운임보험료 포함 가격(CIF)과 수출항의 본선 갑판 위에서 인도하기로 하는 가격인 본선 인도 조건(FOB)의 두 가지가 가장 많이 사용된다.

관련 어휘

transaction conditions 거래 조건
term (지급, 계약 등의) 조건
terms of payment 지불 조건
terms of trading 교역 조건
invoice 송장
warranty 보증
guarantee 보증하다
period 기간
defect 결함, 불량품
insurance 보험
interest 이자
policy 정책

D/A transaction 인수도조건 거래
confidential 기밀의
cash basis 현금기준
purchase requirement 구매요구
payment in US dollars 미달러 결제
replace 교체하다
repair 수리하다
indicate 명시하다
submit 제출하다
settle 결재하다

거래 조건을 제시해 주십시오.
Would you indicate your terms of trading?

FOB 조건으로 계약했으면 합니다.
We'd like to do it in accordance with an FOB contract.

보증 기간은 얼마나 되지요?
How long is the warranty?

일년 동안입니다.
It's good for one year.

보험 가입은 그쪽에서 해결하실 문제지요.
You'll have to take care of the insurance.

그 조건에 따르겠습니다. 하지만 이자는 별도로 지불하게 해 주십시오.
I'll go along with that, but let me pay the interest separately.

저희 회사는 D/A 거래에 관해서는 좀 까다롭습니다.
Our company has a strict policy regarding D/A transactions.

이 정보는 극비로 해 주십시오.
Please keep this information strictly confidential.

지급은 정확하게 해 주시고 지연되지 않도록 해 주십시오.
Please keep the payment date without any delay.

현금 거래만 하고 있습니다.
We do business only on a cash basis.

주문대금 지급은 선불 조건입니다.
Orders should be paid for in advance.

구입 수량의 예측은 2개월마다 내 주십시오.
Please submit the forecast of your purchase requirement every other month.

세부 거래 조건은 차후에 알려 드리겠습니다.
I'll let you know the details of the transaction conditions later.

제품의 소유권은 귀사의 창고에서 적하한 시점부터 귀사로 이전됩니다.
The title of the products will pass to you when they are loaded on a carrier at our warehouse.

08 계약 체결

합의에 이르게 되어서 정말 기쁩니다.

I am very pleased that we could reach an agreement.

A: Mr. Smith, I've concluded that I can agree to your proposals except Condition D.
B: Let me have a look at the contract. What's the problem with the delivery date?
A: You agreed to give us 3 more months for the delivery? But the extended delivery date isn't shown on the contract.
B: Oh, I forgot to revise the delivery date. I'll correct that right away.
A: Good. Then, I am very pleased that we could reach an agreement.

A: 스미스씨, D번 조항만 빼고 제안에 합의할 수 있다고 결론을 내렸습니다.
B: 계약서를 봅시다. 인도일이 무슨 문제죠?
A: 납기기간을 3개월 더 주신하고 하지 않으셨나요? 하지만, 연장된 납기일이 계약에 명시되 어 있지가 않습니다.
B: 아, 납기일을 수정하는 것을 깜빡했네요. 바로 고치겠습니다.
A: 좋습니다. 그렇다면, 합의에 이르게 되어서 정말 기쁩니다.

수출업자와 수입업자의 매매 조건이 일치하게 되면 계약이 성립된다. 사실 무역 계약은 청약(offer)과 승낙(acceptance)을 통한 당사자간의 합의에 의하여 성립하므로 계약서의 작성이 반드시 필요한 것은 아니다. 그러나 후일에 분쟁이 야기될 소지가 상당히 많기 때문에 매매 당사자간에 이러한 분쟁을 방지하기 위해서 무역 계약의 조건을 명백히 할 필요가 있으며, 또한 이를 문서화하여 서명한 매매계약서(sales contract)를 상호 교환하여 보관하는 것이 필요하다.

관련 어휘

conclude 결론을 내리다
agree to ~에 동의하다
reach an agreement ~합의에 이르다
make an agreement 합의를 하다
alter the agreement 합의한 사항을 변경하다
proposal 제안
Condition (협정상의) 조건
contract 계약서

verbal agreement 구두 합의
mutual agreement 상호 합의
finalize the contract 계약을 마무리 짓다
break the contract 계약을 어기다
effective 유효한
correct 고치다
modify 수정하다
sign 서명하다

계약 기간은 얼마로 할까요?
How long should we make the contract for?

미안하지만, 우리는 이미 JVC와 기계부품 구입에 관해 구두 계약을 맺었습니다.
I'm sorry but we've already made a verbal agreement with JVC to purchase their machine parts.

이젠 다 합의가 된 것 같군요.
We've been able to come to an agreement.

그 문제만 해결된다면, 기꺼이 서명하겠습니다.
If we could get past that problem, we'd be ready to sign.

계약서는 다 작성되었으니까 이제 서명만 하시면 됩니다.
The contract's all drawn up and ready to sign.

그럼 계약서에 서명하시겠습니까?
You'll sign a contract then?

지금까지 합의된 사항을 다시 한번 검토해 봅시다.
Let's review what's been agreed upon so far.

계약서의 유효 기간을 3년으로 하고 싶습니다.
We'd like to have the agreement be effective for three years.

계약은 자동적으로 연장됩니다.
The agreement is extendable automatically.

그런 조건들이라면 계약을 받아들이겠습니다.
Under those terms, we can accept the contract.

계약 안에 추가하거나 수정하고 싶은 사항이 있습니까?
Do you have anything to add or modify on the contract?

새 계약에 서명하기 전에, 먼저 지난번의 클레임이 해결되어야만 합니다.
Before we sign the new contract, the old claims have to be settled first.

죄송하지만, 이 건에 대해서는 거래가 불가능하겠습니다.
I'm afraid we won't be able to work with you on this matter.

재고해 주시기 바랍니다.
We would appreciate your reconsideration.

09 가격 협상

더 좋은 가격을 주실 수 있습니까?

Could you give us a better price?

DIALOGUE

A: What kind of discounts are you offering on 1,000 units?
B: I can offer a discount of 10%.
A: Could you give us a better price?
B: This price is our lowest possible.
A: We'd like you to come down another 5%.
B: No way! It means we'd have to offer it to you at cost.
A: Then, can you offer a quantity discount?
B: Well, uh, what did you have in mind?

A: 1,000개 제품 당 얼마나 할인해 주시겠습니까?
B: 10%를 드릴 수 있습니다.
A: 더 좋은 가격을 주실 수 있습니까?
B: 이 가격은 저희의 최저 가격입니다.
A: 5%만 더 낮춰 주셨으면 좋겠습니다.
B: 안 됩니다! 그러면 원가에 파는 셈입니다.
A: 대량 주문하면 할인해 주시겠습니까?
B: 음, 얼마나 생각하고 계시는데요?

가격 협상 시에 조건부로 가격 인하에 응하는 경우가 있다. 1회의 선적 수량이나 일정기간(6개월, 1년 등)의 매입 수량을 대상으로 하는 경우 수량 할인을 하게 된다. 또는 일정기간 이내에 수입 거래가 일정한 금액에 달하는 것을 조건으로 하는 거래액 보증가격 인하도 발생한다. 그리고 선불 송금이나 일람불 신용장(At Sight Credit)으로 결제할 경우 부여되는 현금거래가격 인하도 널리 이용된다.

관련 어휘

discount 할인; 할인하다
increase 증가; 증가하다
decrease 감소; 감소하다
negotiate 협상하다
offer 제안하다
accept 받아들이다
confirm 확인하다
come down (가격 등을) 내리다
lower (가격 등을) 내리다
quote a price 견적가격을 산출하다
quantity discount 대량주문 할인

reduce the cost 비용을 줄이다
raise the price 값을 올리다
rock bottom quotations 최저 가격
best(floor/minimum/lowest) price 최저 가격
wholesale price 도매 가격
price list 가격표
quotation 견적
price increase 가격 인상
cost increase 원가 인상
selling expense 판매비
market price 시장 가격
reconsideration 재고

좋아 보이긴 하는데 가격이 다소 비싼 편입니다.
Looks good, but it's a little on the high side.

가격을 조금만 깎아 주시면 대단히 고맙겠습니다.
I'd appreciate it very much if you could reduce the cost slightly.

아무래도 가격을 10% 깎아 주셔야 하겠습니다.
We have to ask you for a 10% reduction.

10%는 절대 불가능합니다.
I'm afraid 10% is out of the question.

90달러로 하시든가 아니면 방법이 없습니다.
I am afraid it's $90.00 or nothing.

귀사의 주문 수량으로는 가격을 깎아 드릴 수가 없습니다.
I can't lower the price with the quantity of your order.

제가 드린 가격은 정말 저희의 최저 가격입니다.
Those are positively our rock bottom quotations.

10달러 50센트가 저희의 최저 가격입니다.
Ten dollars and fifty cents is our best price.

대량 주문이기 때문에 특별 가격에 해 드린 겁니다.
That was a special price, considering the large amount of your order.

그건 거저 주는 거나 마찬가지지요.
That'd practically be giving it away.

절충을 합시다. 30%를 깎아 주세요.
Let's compromise. Give me 30% off.

원가 상승으로 인해, 어쩔 수 없이 가격 인상을 했습니다.
We have been forced to raise our product prices due to increases in costs.

제시하신 가격은 원가 이하입니다.
The prices you offered are below cost.

그 가격은 받아들일 수가 없습니다.
We cannot accept such prices.

10 주문

귀사의 새 모델 I-POP을 주문하고 싶습니다.

I'd like to place an order for your new model I-POP.

A: I'm calling because I want to order some MP3 players from your company.
B: Okay, what types do you have in mind?
A: I'd like to place an order for your new model I-POP.
B: That is the best item in the market. Do you have any specific quantity in mind at the moment?
A: Well, something in the area of two thousand. We might be able to be ready to double our order if it sells well. But for now, just 2000 units.
B: I see. I'll send this list off to Busan and they'll give you exact shipping date.

A: MP3 플레이어를 좀 주문하고 싶어서 전화 드립니다.
B: 네, 어떤 타입을 생각하고 계십니까?
A: 귀사의 새 모델 I-POP을 주문하고 싶습니다.
B: 그게 시장에서 가장 잘 나가는 제품이죠. 현재 어느 정도 주문하실 생각입니까?
A: 글쎄, 2천 개 정도요. 잘 팔리면 주문을 두 배로 할 수도 있습니다. 하지만 현재로서는 2천개입니다.
B: 알겠습니다. 부산으로 리스트를 보내면 거기서 정확한 선적 날짜를 줄 겁니다.

주문을 할 경우에는 단순히 주문서만을 발송하기도 하지만 안내장을 붙여서 보내기도 한다. 서신에는 품목, 상품명, 분류번호, 수량, 단가, 결제방식, 인도 조건 등의 상세한 내용을 기입한다. 주문서에는 별도의 문체 없이 통상적으로 간략한 문구만을 사용하므로, 꼼꼼히 기입하고 신용장의 내용과 어긋나지 않도록 주의해야 한다.

관련 어휘

order sheet 주문서
initial order 첫 주문
trial order 시험 주문
petty order 소량 주문
rush order 급한 주문
bulk order 대량 주문
order 주문; 주문하다
minimum order 최소 주문량
C.W.O (cash with order)
현금불 주문
place an order 주문하다
double the order
주문을 두 배로 늘리다

make a purchase 구매하다
proceed with an order
주문 조달에 착수하다
accept an order
주문을 받아들이다
receive an order 주문을 받다
confirm an order
주문을 확인하다
have large orders in hand
주문이 많이 밀려 있다
distribution network 판매망

어떤 모델을 주문하실 것입니까?
Which model do you want to order?

에어컨을 주문하고 싶습니다.
I'd like to order the air-conditioners./I'd like to place an order for the air-conditioners.

추가 주문을 하고 싶습니다.
I'd like to make an additional order.

물량은 대충 어느 정도로 생각하고 계시지요?
Approximately how many units did you have in mind?/What quantity did you have in mind?

5,000개가 필요한데 주문에 응해 주실 수 있습니까?
I need five thousand. Can you fill this order?

첫 주문으로 모델당 100대씩만 하지요.
Let's say a hundred of each to start with.

모델번호 P-12의 최저주문수량을 좀 줄여 주실 수 없을까요?
Do you think you could decrease the minimum quantity on model No. P-12?

현재로는 1,500개밖에 없습니다.
We've only got about fifteen hundred at the present time.

각 모델당 200대씩 주문을 하시면 20% 할인해 드리겠습니다.
Make it 200 of each and you've got yourself a 20% discount.

판매망을 확장했기 때문에 주문량을 배로 늘릴 수도 있습니다.
We've expanded our distribution network, so we will be ready to double our order.

모든 주문은 이번 주까지 확정되어야 합니다.
All orders must be placed by the end of this week.

보내 주신 가격 조건으로 구매하고자 합니다.
According to these prices, I'd like to make a purchase.

최근의 주문을 불가피하게 수정해야겠습니다.
We have found we must revise a recent order.

제품 생산이 중단되어 주문을 받을 수 없습니다.
The production line was discontinued so we cannot fill this order for you.

Money & Money

돈과 관련된 어휘

A.T.M. Automated Teller Machine의 줄임말, 현금자동 인출기
cash dispenser (UK)
banknote 은행권
black market 암시장
bureau de change (F) 환전취급소
cash 현금
cashier 출납원, 회계원
coin 주화
currency 통화, 지폐
debt 빚
exchange rate 환율
foreign exchange 외국환
hard currency 경화(硬貨)
(주조 화폐, 또는 금 내지 달러와 쉽게 교환 가능한 통화)
invest 투자하다 **investment** 투자
legal tender 법화(法貨), 법정 화폐
petty cash (UK) 잔돈, 소액현금
soft currency 연화(軟貨) (달러로 바꿀 수 없는 통화)
speculate 투기, 매매하다
transaction 업무, 거래, 매매

British & American Financial Terms

British	American
Annual General Meeting (AGM) 연 주주총회	**Annual Stockholders Meeting**
Articles of Association 규칙, 조례	**Bylaws**

authorised share capital	authorized capital stock
수권자본금	
barometer stock	bellwether stock
선도주	
base rate	prime rate
우대금리	
bonus or capitalisation issue	stock dividend or stock split
주식배당	
bridging loan	bridge loan
브리지론 (자금이 급히 필요할 때 일시적으로 조달하기 위해 도입되는 자금)	
building society	savings and loan association
저축 대출 조합	
cheque	check
수표	
company	corporation
회사	
creditors	accounts payable
외상매입금	
current account	checking account
당좌예금구좌	
debtors	accounts receivable
외상매출금	
gilt-edged stock (gilts)	Treasury bonds
국채	
labour	labor
노동	
Memorandum of Association	Certificate of Incorporation
회사설립허가서	
merchant bank	investment bank
투자은행	
ordinary share	common stock
보통주	
overheads	overhead
총경비, 간접비	

profit and loss account 손익계산서	income statement
property 부동산	real estate
quoted company 상장회사	listed company
retail price index (RPI) 소비자물가지수	consumer price index (CPI)
share 주식	stock
share premium 불입잉여금	paid-in surplus
shareholder 주주	stockholder
shareholders' equity 순자본	stockholders' equity
stock 재고	inventory
trade union 노동조합	labor union
unit trusts 뮤추얼펀드	mutual funds

Chapter 3 ● 지불과 발송

11 지불 방식 What are the terms of your payment?
12 보증, 보험 They have instructed us to raise the marine insurance.
13 제품 생산 Speed up your production as much as possible.
14 제품 포장 I'd like to make some special packing requirements for my order.
15 선적과 발송 Can you ship these articles within four weeks?

Part I Actual Business Situation

11 지불 방식

지불 조건은 어떻게 됩니까?

What are the terms of your payment?

A: OK, you've sold me. Now, what are the terms of your payment?
B: Oh, they're very flexible. The only requirement is an advance payment of thirty percent before delivery.
A: And when is the balance due?
B: Upon installation of the equipment, for the cash option.
A: I see. What other options are there?
B: We offer financing. You pay the advance, and the balance is paid off over a period of twelve months.

A: 좋습니다. 당신이 이기셨습니다. 자, 지불 조건은 어떻게 됩니까?
B: 음, 아주 유동적입니다. 유일한 조건은 납기 전에 30%의 선지불입니다.
A: 그리고 잔금 날짜는 언제입니까?
B: 기계를 설치하자마자 현금으로 하셔야 합니다.
A: 네. 다른 사항들도 있습니까?
B: 융자를 제공하는데요. 선수금을 지불하시고 잔금은 12개월로 분납할 수 있습니다.

지리적인 문제로 대금 결제는 물품 인도와 동시에 이루어지기가 힘들다. 지불은 그 시기에 따라 선지급(payment in advance), 현금지급(cash payment), 후지급(payment on credit) 등이 있다.

관련 어휘

term 조건
payment 지불
flexible 유동적인
requirement 조건
advance payment 선지불
delivery 납기
balance 잔금
due 지급기일이 된
installation 설치
cash 현금
option 선택

financing 융자
pay off 전부 갚다
letter of credit 신용장
service fee 수수료
FOB (Free On Board)
본선인도 조건
CIF(Cost, Insurance&Freight)
운임보험료 부담조건
(매도자가 목적지까지 원가격과 운임보험 일체를 부담하는 조건)
customs duties 관세

귀사의 지불 조건은 어떻습니까?
What are your terms of payment?

지불은 미 달러로 하겠습니다.
Payment will be made in U.S. dollars.

결제는 신용장으로 하겠습니다.
Settlement will be made by a letter of credit.

이 가격은 세금 포함입니다.
The price includes tax.

이 가격은 공장도입니다.
The price is ex-factory.

이 가격은 FOB 뉴욕입니다.
The price is FOB New York.

지불일은 송장의 일자로부터 20일 내로 하겠습니다.
The terms of payment will be net 20 days from the invoice date.

지불 지연에 대해서는 월 2%의 수수료를 받습니다.
Late payment will be assessed a service fee of 2% per month.

수입자가 관세를 지불합니다.
The importer will pay customs duties.

지불은 양측의 합의하에 이루어질 것입니다.
Payment will be made under the terms to which both parties have agreed.

신용 구매할 수 있습니까?
Can I get it on credit?

12개월 할부로 계산하고 싶습니다.
I'd like to take the one year plan.

매월 할부금이 얼마입니까?
How much would my monthly payments be?

일반적으로 해외시장일 경우에는, 주문 시 주문총액의 25%, 배달 시 50%, 공장에서 선적 후 25%를 지불하도록 되어 있습니다.
Generally, for a foreign market, 25% of the total of the order will be paid when the order is received, 50% when delivered and 25% after the shipment of the order from our port.

12 보증, 보험

해상 보험을 올리라고 지시 받았습니다.

They have instructed us to raise the marine insurance.

A: I'm calling to inform you of the insurance request from our buyer. They have instructed us to raise the marine insurance with you 20% higher.

B: I think the amount is a bit excessive.

A: They have been in trouble because of damaged goods from recent orders. They want to make it safe.

B: I think I need to contact my insurance agent first and then I'll get back to you right away.

A: 저희 구매자로부터 보증 요청이 있어서 알려 드리려 전화 드립니다. 저희에게 귀사와의 해상보험을 20% 올릴 것을 지시하셨습니다.
B: 그건 좀 지나친데요.
A: 구매자께서는 최근의 주문에서 결함이 있는 제품 때문에 난항을 겪고 있습니다. 안전하게 가고 싶어하십니다.
B: 저희 보험사와 먼저 연락해야 할 것 같습니다. 그리고 나서 연락 드리겠습니다.

무역 거래 시에는 대부분 해상 보험을 들게 되는데, 해상 보험은 선박으로 운송 중에 발생하는 물품의 손해를 보상하고 보험료를 지급받을 수 있는 손해 보험을 말한다. 본선인도 조건(FOB)이나 운임보험료 부담조건(CIF)은 수출업자에서 수입업자에게 위험이 이전되나, FOB는 수입업자가 자비로 해상보험을 부담하고, CIF의 경우는 수출업자가 보험을 부담하게 되어 있다.

관련 어휘

insurance 보험
excessive 과도한
damaged goods 물품 결함
warranty 보증, 담보
responsibility 책임
cover 포함하다
replacement 교체
guarantee 보증, 보증하다

War risk 전쟁 위험 담보
WA (With Average) 단독 해손 담보
TLO (Total Loss Only) 전손 담보
open over 포괄보험
insurance policy 보험증권
insurance premium 보험료

보증 기간은 얼마나 됩니까?
How long is the warranty?

보험 처리 되나요?
Is this insured?

보증은 납품 후 1년간으로 합니다.
The warranty will be one year after delivery to you.

제조와 재료의 결함이 없는 것만 보증합니다.
We guarantee only that the product will be free from manufacturing and materials defects.

반송 시에는 저희가 배송료, 보험료를 부담합니다.
We will bear the cost of freight and insurance for return of the product.

모든 클레임, 손해, 해결책 등은 당사에서 책임을 지고 있습니다.
Our company will be responsible for all claims, damages and settlement.

이 보증은 부품 교체와 운송비가 포함되어 있습니다.
This warranty will cover costs for replacement parts and shipment.

그 장비는 재질이나 제조 기술상의 결함에 대해 최초 구매일로부터 12개월 동안 보증됩니다.
The equipment is guaranteed against defects in materials and workmanship for twelve months from the original date of purchase.

결함이 있는 제품은 보증 기간에는 반품 가능합니다.
The defective products can be returned during the warranty period.

고객에 의해 발생한 손상은 보증에 포함되지 않습니다.
The warranty doesn't cover damages caused by the customer.

ACC보험회사에 전쟁위험 보험 조건을 포함한 단독해손담보 조건으로 보험을 들었습니다.
We have opened insurance W.A., including War Risk Terms, with the ACC insurance company.

운송보험의 경우엔 보험료 납입 전에 발생한 사고는 보험자가 보상 책임을 지지 않습니다.
In terms of freight insurance, the insured is not responsible for all accidents before paying the insurance.

선박과 적재화물에 재난을 당했을 때는 위험을 면한 선주와 하주가 피해를 부담합니다.
When accidents are caused on ships and cargos on board, the ship's owner and the shipper take responsibility for damages.

13 제품 생산

생산에 박차를 가하다.

Speed up your production as much as possible.

A: Mr. Moore, we're expecting that new model for the summer season. When do you think it'll be ready?
B: Well, if things continue to go as they are now, it should be ready by March at the latest.
A: No, that won't do. It's got to be February at the very latest.
B: That's pushing it.
A: Then you must push it.
B: I can't guarantee it, but I'll do my best.
A: Please try to speed up your production as much as possible.

A: 무어씨, 저희는 여름시즌을 겨냥한 새 모델을 고대하고 있습니다. 언제쯤 준비가 될까요?
B: 글쎄요, 현재처럼만 진행된다면, 늦어도 3월까지는 준비될 것입니다.
A: 안 돼요, 그건 곤란합니다. 아주 늦어도 2월까지는 돼야 됩니다.
B: 그건 좀 무리인데요.
A: 무리를 좀 하셔야겠습니다.
B: 확신은 못 드리겠지만, 최선을 다하겠습니다.
A: 가능하다면 생산에 박차를 가해 주십시오.

계약이 성립된 후에는 바로 제품의 생산에 들어가게 된다. 간혹 파업이나 효율적인 생산라인의 분담이 이루어지지 못하는 경우 납기일에 맞추어 생산이 끝나지 못하는 경우도 종종 있다. 이런 문제를 막기 위해 공장에서는 전략적인 공정시스템과 인력재배치를 통해 제품의 생산능력을 높여야 한다. 또한 생산은 납기 보증을 위해 재고와 리드타임을 보장하는 현실성 있는 생산계획서를 기본으로 해야 할 것이다.

관련 어휘

production 생산
plant(=factory) 공장
strike 파업
productivity 생산성
production capacity 생산력
production efficiency 생산효율
production quota 생산할당량
overproduction 생산 과잉
domestic production 국내 생산
pilot production 시험 생산
fall in production 생산 감소

manufacturing process 생산 과정
large scale production 대규모 생산
on schedule 계획대로
be ready 준비되다
speed up 속도를 내다
automatize / automate 자동화하다
maximize production 생산을 극대화하다
resume production 생산을 재개하다

그 제품은 현지에서 생산합니다.
We are producing the item in an overseas country.

생산 시설을 중국으로 이전했습니다.
We transferred our production facilities to China.

저희 공장은 모두 자동화되고 있습니다.
Our plant has been all automated.

그 생산 라인은 일주일에 1,000개의 스피커를 생산하고 있다.
The line puts out 1000 pieces of speakers a week.

현재 저희 공장이 이미 다른 주문들로 너무 바빠 조금도 여유가 없어요.
Our factory is already fully occupied with other orders at the moment.

파업 때문에 생산이 중단되었다.
Production came to a standstill because of the strike.

그 제품은 1년 전에 생산을 중단했습니다.
We stopped production on that last year.

저희도 하도급 일을 받습니다.
We do undertake sub-contracting work.

몇 달 전의 파업으로 생산이 많이 지연되었습니다.
Those labor strikes we had a few months back really held up production.

저희는 가능한 빨리 최대한 많은 수량을 생산할 수 있도록 전력을 다하겠습니다.
We'll go all out in getting as many off the production line as soon as possible.

즉시 그 일에 착수하겠습니다.
I'll get right on it.

생산 능력을 1일 8시간 노동 기준으로 계산하고 있습니다.
The production capacity is calculated on the basis of 8 working hours a day.

공장에 전화해서 생산이 어떻게 되어 가는지 좀 알아 보세요.
Call the factory and see how production is coming along.

납기에 맞추도록 전력을 다하도록 공장에 말해 주십시오.
Please tell the factory people to do their best to finish production on schedule.

14 제품 포장

저희 주문에 특별한 포장을 부탁 드리고 싶습니다.

I'd like to make some special packing requirements for my order.

DIALOGUE

A: I'd like to make some special packing requirements for my order.
B: Sure, go ahead.
A: First of all, I'd like the boards to be wrapped in some type of bubble wrap.
B: That's standard for all our boards.
A: But I found some products were broken due to bad packaging last time.
B: I'm sorry about that. We'll take extra care of that this time. Anything else?
A: Yes, Mark on the cartons "fragile."

A: 저희 주문에 특별한 포장을 부탁 드리고 싶습니다.
B: 네, 말씀하세요.
A: 먼저, 버블포장 같은 것으로 보드를 싸 주세요.
B: 그것은 기본 사항입니다.
A: 하지만, 지난 번에 포장이 잘못되어 상품이 망가졌었는데요.
B: 그건 죄송하게 됐습니다. 이번에는 더 신중하겠습니다. 다른 건 없습니까?
A: 네, 박스에 "깨지기 쉬움"이라고 표시해 주세요.

제품의 포장은 물품을 보호하고, 운송의 편의를 도모하며, 또한 기업의 이미지를 높이는 역할을 한다. 이전까지는 수출 포장에는 종이상자(carton case)에 넣고 또 그것을 나무상자(wooden case)에 넣어 포장했지만, 요즘은 외장에도 종이상자를 사용하기도 한다. 포장의 겉면에는 화물의 분류번호 및 표시를 하는데 이를 Shipping Marks & Numbers라고 한다.

관련 어휘

packing 포장
special packaging 특별 포장
packing requirement 포장 요구
packing instruction 포장 지시
packing component 포장재
faulty packing 포장 불량
pack goods 상품을 포장하다
wrap 포장하다
case up goods 상품을 상자에 포장하다
packing list 포장 명세서

packing charges 포장비
bubble wrap 버블 포장
aluminum-foil wooden case 알루미늄 내장 나무 상자
strong cardboard box secured with string 끈으로 묶은 튼튼한 종이 상자
durable packing 내구 포장
fragile 깨지기 쉬움
extra safe 특별히 더 안전한
foam carton 두꺼운 판지
wood crate 나무 상자

특수포장은 10달러가 추가됩니다.
Special packaging is 10 dollars more.

확실히 안전하게 포장해 드리겠습니다. 비용은 저희 부담입니다.
We'll make sure that they are packed extra-safe at our own expense.

포장 용기에 따라 좀 비싸질 수 있습니다.
It can cost more depending on the type of packaging.

파손 방지 버블지로 포장해 주세요.
Please wrap the equipment in bubble wrap.

나무박스 포장 대신에 발포 처리된 두꺼운 판지로 포장할 수 있습니까?
Could you wrap them in foam cartons instead of the wood cartons?

깨지기 쉬운 물품은 종이박스 대신에 나무상자에 포장해 주세요.
Please pack the fragile items in wooden crates, as opposed to paper boxes.

습기로부터 물품을 보호해야 하니 상자 안을 채워서 포장해 주세요.
Please pack the goods in a carton with stuffing inside to protect the goods from moisture.

당신의 지시대로 포장했다고 확신합니다.
I'm sure your packing instructions were followed to the letter.

포장을 잘하여 손상을 미연에 방지해 주십시오.
Be sure to pack the goods properly to avoid any damage in shipment.

포장재의 재질이 나빠 구부러지고 부서지는 문제점이 있다.
There is a problem with the packing component which is easily bent and broken because of the terrible material.

포장은 저희 회사에서 사용하는 박스를 사용할 것입니까?
Can you accept our 'as is' packaging?

가능하다면 5kg짜리 100개를 단일 포장해서 받기를 원합니다.
We'd like to receive 5kg × 100 pieces in one package, if possible.

나무상자의 규격은 가로 6피트, 세로 4피트, 높이 3피트로 하였습니다.
Each crate measures 6ft × 4ft × 3ft.

15 선적과 발송

4주 내에 선적이 가능합니까?

Can you ship these articles within four weeks?

A: Can you ship these articles within four weeks?
B: What kind of articles are they? May I see your list? Ah, inline-skates and snow board plates. I'll see that you get those deliveries in four weeks. But don't count on the shipment arriving exactly on time.
A: Why? Are you anticipating any delay?
B: The way shipping schedules go these days, you never can tell. They're jam-packed.

A: 4주 내에 선적이 가능합니까?
B: 어떤 상품이죠? 리스트를 볼 수 있나요? 아, 인라인 스케이트와 스노우보드판이군요. 4주내로 받으시도록 하겠습니다. 하지만 선적품이 정확한 날짜에 도착할 거라고 기대하지는 마세요.
A: 왜요? 늦어질 것 같습니까?
B: 요즘 선적스케줄을 보자면, 아무도 확신을 못하죠. 주문이 꽉 찼어요.

선적(Shipment)은 계약 물품을 선적항의 지정 선박에 적재하는 것을 말한다. 화물의 선적을 위해서는 먼저 선적할 배를 수배하고 선적 작업을 한 후 선하증권을 발행받아야 한다. 선하증권은 수출업자의 청구에 의해 선박회사에서 발행하는 유가증권이다.

관련 어휘

ship 선적하다
make shipment 선적하다
perform shipment 선적하다
shipment 선적
shipment schedule 선적 스케줄
delivery 배달
shipping mark 화인 (貨印)

shipping B/L 선적 선하증권
shipping date 선적 기일
delay in shipment 선적 지연
port of shipment 선적항
express delivery 속달 발송
confirm shipment 선적을 확인하다
jam-packed 꽉 찬

9월 말까지 선적할 수 있습니까?
Is it possible to ship by the end of September?

즉시 선적해 주실 수 있습니까?
Can you make the shipment immediately?

조금 빨리 선적해 주실 수 있습니까?
Could you make the shipment a bit earlier?

속달로 발송해 주실 수 있습니까?
Will you arrange an express delivery?

선적 준비가 완료되려면 얼마나 걸릴 것 같습니까?
How long do you think it'll take before the shipment will be ready to leave?

선적 지시를 전문으로 보내 주십시오. 귀하께서 즉시 선적 지시를 주시면 선적 일자를 2주일간 단축할 수가 있습니다.
Please give us your shipping instructions by cable. We can move up the shipping date by two weeks, if you give us instructions at once.

선적 방법은 어떻게 해 드릴까요?
How do you want it shipped?

두 차례로 나누어 선적해야겠어요.
We'll have to break it up into two separate shipments.

1,000타를 6월 1일에 선적해 드리고, 나머지 500타는 10월 30일에 선적해 드리겠습니다.
1,000 dozen will be shipped on June 1st and the remaining 500 on June 30th.

선적확인해 주세요.
Can you confirm my shipment?

출하가 3일 늦어졌습니다.
Shipment was delayed 3 days.

일주일 안에 물건이 인도될 것입니다.
We are sure that the products will be delivered within a week.

약속한 4월말에 선적을 완료하였습니다.
We made the shipment at the end of April, as we promised.

항공편으로 절반을 나머지는 배편으로 보내 주세요.
We'd like the products half by air and the rest by sea.

물건이 예정대로 완전한 상태로 도착하여 만족하시기를 바랍니다.
We hope that the goods will reach you in perfect condition and give you full satisfaction.

도량형 읽기

*도량형 표는 이 책의 page 182에 수록

1 길이 (LENGTH)

1) A: What's 100 millimeters in centimeters?
   100밀리는 몇 센티입니까?
   B: 10 centimeters.
   10센티입니다.
2) A: How long is a marathon?
   마라톤의 거리는 얼마나 되죠?
   B: It's exactly 42 kilometers, 195 meters long.
   정확히 42.195킬로에요.
3) Can You walk 1 kilometer in 10 minutes?
   1킬로를 10분에 걸을 수 있습니까?
4) A: Low long is one foot?
   1피트는 길이가 얼마나 됩니까?
   B: 12 inches.
   12인치입니다.

2 높이, 깊이 (HEIGHT/DEPTH)

1) The plane was flying at 5,000 meters.
   비행기는 고도 5,000미터 상공을 날고 있었다.
2) A: What's the highest mountain in Korea?
   한국에서 제일 높은 산은 어느 산이죠?
   B: Mount Paik-du. It's 2,744 meters high.
   백두산이죠. 백두산의 높이는 2,744미터예요.
3) A: You're taller than average. How tall are you?
   당신은 보통 사람보다 키가 좀 크군요. 키가 얼마나 되요?
   B: One meter 90 centimeters.
   1미터 90이에요.

4) A: How deep is this river?

　　이 강의 깊이가 얼마나 됩니까?

　B: At the shallow end it's only one and a half meters deep, but at the deep end it's four meters.

　　얕은 곳은 1미터 50센티에 불과하지만 깊은 곳은 4미터나 됩니다.

3 넓이 (DIMENSION/WIDTH)

1) This river is 500 meters wide here.

　이 강의 폭은 이 부분에서는 50미터가 됩니다.

2) I would be happier if my room was a foot wider.

　이 방의 폭이 한 자만 더 넓어도 좋았을 텐데.

• 참고

→ 15ft × 205ft or 15' × 20'

This room is fifteen foot/feet (wide) by twenty (foot/feet) (long).

이 방은 가로가 15 피트, 세로가 20 피트이다.

→ 5 m × 6.5 m

This room is five meters (wide) by six and half (meters) (long).

이 방은 가로가 5 미터, 세로가 6.5 미터이다.

4 면적 (AREA)

1) I need a piece of paper 40 centimeters square.

　40평방 센티의 종이 한 장이 필요해.

2) This piece of land measures twelve meters by eight meters, so it's almost 100 square meters.

　이 토지는 가로가 12미터, 세로가 8미터이니까 면적은 약 100평방 미터가 될 겁니다.

5 부피 (VOLUME/CAPACITY)

1) A: How much is one barrel of oil?

　　석유 1베럴은 얼마나 됩니까?

　B: 158.99 liters.

　　158.99리터예요.

2) This refrigerator's capacity is about 350 liters.

　이 냉장고의 용적은 약 350리터입니다.

3) Germans drink an average of 850 pints of beer per person a year.
  독일 사람들은 연간 1인당 평균 약 850파인트의 맥주를 마신다.

6 온도 (TEMPERATURE)

일상 사용하는 영·미의 온도계 눈금은 화씨(Fahrenheit)였다. 미터법의 도입으로, 섭씨(Celsius)의 사용이 널리 보급되고 있다.

1) A: What's your temperature?
  체온이 얼마나 되지?
  B: I have a slight fever. It's 37.
  좀 열이 있어요. 37도에요.
2) Water boils at 100°C (a hundred degrees Centigrade) or 212°F (two hundred and twelve degrees Fahrenheit).
  물은 섭씨 100도 또는 화씨 212도에서 끓는다.
3) It's usually in the low thirties in July.
  7월은 보통 기온이 30도를 약간 넘습니다.
4) Midday temperatures today are expected to reach 25 degrees.
  오늘 정오의 기온이 25도는 될 것 같군요.

• 참고
→ 32°F
Water freezes at thirty-two degrees Fahrenheit.
물은 화씨 32도에서 언다.
→ 0°C
Water freezes at zero degrees Centigrade.
물은 섭씨 0도에서 언다.
→ 23°F
Last night we had twenty three degrees Fahrenheit.
어제 밤은 23도였다.
→ 7°C
Last night the temperature was seven degrees below zero.
어제 밤 온도는 영하 7도였다.
→ 85°F
It was eighty-five in the shade this morning.
오늘 아침 그늘에서의 온도는 85도였다.

Chapter 4 ● 항의 및 처리

16 제품 결함 There were many defects in most items.
17 지불 촉구 Your payment is 1 month overdue.
18 청구서 오류 I'm calling about the incorrect billing statement.
19 납품 지연 There's been a delay.
20 손해 배상 We need to settle this claim.

Part I Actual Business Situation

16 제품 결함

대부분의 물품에 결함이 있었습니다.

There were many defects in most items.

A: I'm calling to complain to you. After the shipment arrived, we found that there were many defects in most items.
B: Really? It can't be. Could you explain in detail what the defects are?
A: It looks like the wood has warped during drying and has cracks.
B: Every unit was thoroughly checked before the shipment.
A: Are you saying that all units became warped during transit?
B: No, I'm not. I apologize sincerely.

A: 항의하려고 전화했습니다. 선적물이 도착한 후에, 대부분의 물품에 결함을 발견했습니다.
B: 정말요? 그럴 리가 없는데요. 결점이 무엇인지 자세히 말씀해 주시겠어요?
A: 나무가 건조 중에 뒤틀린 것 같고요, 틈새도 있습니다.
B: 모든 품목은 출항 전에 철저히 체크를 받았는데요.
A: 지금 운송 중에 모든 품목이 뒤틀렸다고 말씀하시는 겁니까?
B: 아닙니다. 진심으로 죄송합니다.

물품 인도 후 물품의 품질에 문제가 생기는 등 매매 계약과 다른 상황이 발생했을 경우 손해를 입은 쪽이 손해 배상을 청구하게 되는데 이것을 클레임이라고 한다. 운송 클레임이나 보험 클레임은 각각의 운송 회사, 보험 회사에 클레임을 제기하고, 무역 클레임의 경우에는 수출업자의 책임을 묻는 것임으로 신중히 처리해야 할 것이다.

관련 어휘

defect 결함
reject rate 불량률
claim 클레임; 클레임을 걸다
make a claim 클레임을 요구하다
file a claim 클레임을 신청하다
make a complaint 클레임을 제기하다
fallback 준비품
faulty product 결함제품
complaint of quality 품질에 대한 불평
difference in quality 품질의 차이
inspection of quality 품질검사
protest 항의하다
explain 설명하다
warped 뒤틀린
crack 갈라진 틈
deformed 형태가 변한
broken 부서진
inferior 열등한
damaged 망가진

포장이 잘못되어 일부 제품이 파손되었습니다.
Some products were broken due to bad packaging.

제품의 품질이 견본과 다릅니다.
The quality of the goods delivered is different from the sample.

우리가 받은 물건이 주문한 것이 아니었습니다.
The goods we received were not what we ordered.

받은 상품이 이전에 샘플로 받은 것보다 상태가 좋지 않습니다.
The merchandise we received is inferior to the earlier sample.

정확히 20박스 부족하게 선적되어 왔습니다.
We received exactly 20 boxes less than what we ordered.

배가 갑자기 폭풍우를 만나서 바닷물이 포장 안으로 들어왔을 것이라고 생각됩니다.
The vessel went through rough a sudden rough sea and sea water penetrated the packing.

화물이 많이 손상이 되어 고객에게 공급할 수 없을 것 같습니다.
We found the contents were heavily damaged and could not possibly supply them to our customers.

얼마나 파손되었나요?
How many were damaged?

불량률은 약 40%입니다.
The rejection rate is about 40 percent.

제조자에게 클레임을 걸고 이 건을 즉시 조사하도록 하겠습니다.
I'll send a claim to our manufacturer and have them check the case immediately.

문제를 조사해 보고 자세한 내용이 밝혀지면 곧 알려 드리겠습니다.
I'll look into the matter and let you know as soon as I find out the details.

배송업체에 이 문제를 제기하셔야 할 것 같습니다.
You may have to take this matter up with the shipping service.

즉시 다른 제품을 발송해 주시기 바랍니다.
Please send another product immediately.

파손된 제품에 대해서는 검사 증명서를 검토하고 대체품을 항공편으로 보내겠습니다.
As for the broken products, we will send the replacement product by air after studying the inspection certificate.

17 지불 촉구

지불이 한 달이나 지체되었습니다.

Your payment is 1 month overdue.

A: We believe that the payment for the product which we delivered the other day has not been made yet. Your payment is 1 month overdue.
B: Oh, really? We will look into this matter as soon as possible.
A: Actually, this is your third time for a late payment.
B: I'm so sorry to cause you trouble again. We'll try to settle this problem right away.
A: Please do so. If the situation does not improve soon, we will have to reconsider our business relationship.

A: 저번 날 저희가 배달한 상품에 대한 대금 지불이 아직 안 된 걸로 알고 있습니다. 지불이 한 달이나 지체되었습니다.
B: 아, 그렇습니까? 되도록 빨리 알아보도록 하겠습니다.
A: 사실, 이번이 대금 지급 연체가 3번째입니다.
B: 불편을 끼쳐 드려 정말 죄송합니다. 문제를 바로 해결하도록 하겠습니다.
A: 네, 그래주세요. 만약에 상황이 개선되지 않는다면, 우리 사업관계를 고려해 봐야겠어요.

수출자가 수입자로부터 대금을 영수하게 되면 수출자의 거래는 완료된다. 하지만 지급 기일이 지나도 지급을 확인할 수 없는 경우에는 지급의 독촉장을 보내야 한다. 독촉장을 보낼 때에는 이전에 상대방에게 청구서를 보냈는지를, 청구서 번호, 일자, 금액을 다시 한번 확인하고, 독촉장 작성 시 이미 지급이 되었는지도 재확인해야 한다.

관련 어휘

payment 지불
make payment 지불하다
delay of payment 지불 지연
delay payment 지불을 연기하다
put off payment 지불을 연기하다
trouble 문제
settle (분쟁 등을) 해결하다
remit 송금하다

delay 늦추다
extend 연장하다
outstanding 미결제의
overdue 기한이 지난
balance 잔금
reconsider 재고하다
neglect 방치하다
charge 청구하다
collection agency 추심 기간

계좌를 조사해 봤지만 귀하의 지급은 없었습니다.
We have checked our bank account, but still have not received your payment.

그 청구서 지불이 20일이 지나고 있습니다.
The bill is now 20 days overdue.

잔금을 빨리 송금해 주시겠습니까?
Could you remit the balance by electronic transfer?

10월 말까지는 지급하셔야 합니다.
I think that your payment was required before the end of October.

지불이 늦어져서 죄송합니다. 2주 내에 지불하겠습니다.
We are very sorry to have delayed the payment. We will pay it in two weeks.

내일까지 수표를 주시겠습니까?
Could you let us have your check by tomorrow?

저희 회사에 20만 달러의 미불 잔고가 있습니다.
You have an outstanding balance of $200,000 with our company.

지불 지연에는 월 4%의 수수료가 청구됩니다.
We charge a service fee of 4% per month for late payments.

정확한 결재 날짜를 알려 주십시오.
Please let us know the exact payment date.

대금 만기일을 2005년 6월 3일로 연장해 주시기를 부탁합니다.
Please extend our payment date to June 3, 2005.

회계 장부를 점검해 본 결과 대금 지급이 누락된 것을 알았습니다.
We checked our records, and found that we have neglected payment.

1주일 내로 대금 지급이 되지 않으면 추심 기관에 의뢰할 수밖에 없습니다.
If we don't have payment within one week, we will have to turn this case over to a collection agency.

대금 지급이 1주일 내로 이루어지지 않을 경우, 차후 거래를 재고해 봐야 할 것 같습니다.
If you refuse to pay within a week, I'm afraid we will have to reconsider our business relations in the future.

5개월간 지불하지 않으셨습니다. 2주 내에 지불하지 않으시면 변호사와 의뢰할 것입니다.
You haven't made any payment for the last five months. If we don't receive payment within 2 weeks, we will have to turn this matter over to our lawyer.

18 청구서 오류

잘못된 청구서 때문에 전화 드립니다.

I'm calling about the incorrect billing statement.

A: I'm calling about the incorrect billing statement.
B: First of all, I'm sorry for causing you trouble. Could you specify the billing statement?
A: I've just received our April billing statement. And I found that there is a purchase of $122,500 for synthetic fabric, which we didn't make. Please check your own records and send us a corrected statement.
B: I'm sorry for the trouble again. Could I have your name and the company name?

A: 잘못된 청구서 때문에 전화 드립니다.
B: 먼저, 문제가 생겨 죄송합니다. 청구서 내역을 자세히 말씀해 주시겠어요?
A: 4월달 청구서를 막 받았습니다. 그리고 우리가 사지 않은 합성직물 $122,500의 구입을 발견했습니다. 기록을 찾아 보시고 수정된 내역을 보내 주세요.
B: 불편을 끼쳐 다시 한 번 죄송합니다. 성함과 회사 이름을 말씀해 주시겠습니까?

청구서 등의 서류를 잘못 기입하여 수출입 절차가 이루어지지 않거나, 추가 절차가 필요하게 되는 경우가 있다. 이럴 경우 지연된 시간으로 손해가 생겨 클레임의 대상이 될 수도 있으므로 서류의 작성 시에는 각별한 주의가 필요하다. 현재에는 EDI(전자데이터교환)의 도입으로 국내 기업간 거래는 물론 국제 무역에서 각종 서류의 작성과 발송, 서류정리절차 등의 번거로운 사무 처리가 없어져 처리 시간의 단축, 비용의 절감 등으로 제품의 주문, 생산, 납품, 유통의 모든 단계에서 생산성을 획기적으로 향상시키고 있다.

관련 어휘

incorrect 부정확한
error 오류
typo 인쇄 오류
figure 숫자
estimate 견적
billing statement 청구서
reminder 독촉장
account 계정

calculation 계산
modification 수정
specify 상술하다
reflect 반영하다
correct 수정하다
double-check 이중으로 검토하다
accidentally 실수로

보내 주신 청구서에 몇 가지 오류가 있습니다.
There are several errors in the statement you just sent us.

보내 주신 청구서에는 약속하신 할인율이 반영되지 않았습니다.
The statement you sent us does not reflect your promised discount.

청구서 검토 후 오류를 발견했습니다. 총액이 $365,000이 되어야 합니다.
After reading your bill, we have found a mistake. The total should be $365,000.

저는 국제 전화를 걸지 않았는데, 청구서에는 들어 있습니다.
I didn't make an overseas call, but it's on the bill.

납품 인도 서류와 청구서의 숫자가 일치하지 않습니다.
The figures on the delivery documents and the invoice don't match.

청구서와 견적서의 금액이 다릅니다.
The amounts shown on the invoice and estimate are different.

타사의 청구서를 실수로 잘못 보냈습니다.
We accidentally sent you another company's invoice.

조사해 보고 어떤 잘못이 있으면 시정하도록 하겠습니다.
I'll look into it and try to get it corrected if there is any error.

송장에 오류가 있는 것 같습니다. 14개 팔레트라고 되어 있지만 실제로 41개 받았습니다.

There seems to be an error on your invoice. You list 14 pallets but in fact, there are 41 pallets sent.

매번 선적에 문서 오류 문제가 있습니다. 꼼꼼히 체크해 주시기 바랍니다.

For each shipment it seems there are typos in the records. Please double-check them.

같은 날 출하한 타사의 수량을 실수로 귀사의 코드 번호로 입력했습니다.

We accidently entered the quantity of another company on the same shipping date instead of your company code.

이 화물 송장들이 또 잘못 적혀 있네요.

These invoice forms are filled out incorrectly again.

계산상의 오류가 있습니다.

There are errors in calculation.

수정된 청구서를 즉시 보내겠습니다.

We'll send the corrected bill to you right away.

19 납품 지연

납품이 지연되었습니다.

There's been a delay.

A: Mr. Clarke, what happened to my shipment of shirts?
B: I'm terribly sorry, Mr. Brown. There's been a delay. A strike has slowed down the production line.
A: When do you think you will be able to make the shipment?
B: It should be on board at the latest about the 2nd of next month.
A: I can't wait that long. I don't want to lose the season.
B: I'll do my best to get them to you as soon as possible.

A: 클라크씨, 저희 셔츠 선적에 무슨 일이 있습니까?
B: 정말 죄송합니다, 브라운씨. 납품이 지연되었습니다. 파업이 일어나서 생산 라인을 더디게 하였습니다.
A: 언제쯤 선적해 주실 수 있습니까?
B: 늦어도 대략 다음 달 2일쯤에는 선적할 수 있을 것입니다.
A: 그렇게 오래 못 기다리는데요. 시즌을 놓칠 수 없습니다.
B: 되도록 빨리 납기하도록 노력하겠습니다.

수출자가 선적 기한에 선적을 못하는 경우 선적 지연의 이유를 상대에게 설명하고 불가항력의 경우에는 이를 증명하는 서류와 함께 선적 기한 연장을 요구하는 통지를 보내야 한다. 수입자는 물품의 도착 지연 시 상황을 조사하도록 수출자에게 의뢰하고 선적을 독촉하는 내용을 e-mail이나 fax로 보낸다.

관련 어휘

delay 지연
inconvenience 불편
inventory shortage 재고 부족
delivery date 납기일
traffic strike 운송 파업
weather disaster 기상 재해
cancel 취소하다

assure 확신시키다
slow down 속도를 늦추다
make an arrangement 해결하다
apologize 사과하다
at the lastest 늦어도
as soon as possible 가능한 빨리

지난 달 말까지 보내 주신다고 하지 않았습니까?
You had assured us of the shipment by the end of last month.

내일 안으로 도착하는 것은 어려울 것이라고 말씀 드려야겠습니다.
I have to say it will be very difficult to deliver the products by tomorrow.

선적이 늦어져서 저희 쪽에서 불편을 겪고 있습니다.
We are having considerable inconvenience due to your delay.

되도록 빨리 상품을 배송하도록 조치를 취하겠습니다.
I'll make an arrangement to deliver the products as soon as possible.

예정대로 도착하지 않으면 전량을 취소하겠습니다.
We will cancel our entire purchase if they do not arrive as scheduled.

재고가 부족해서 납기가 늦어지고 있습니다.
Delivery has been delayed due to an inventory shortage.

화재로 배달이 늦었습니다.
We failed to meet the delivery date due to a fire.

직원들의 파업으로 선적이 늦어지고 있습니다.
Delivery of the goods has been delayed due to an employees strike.

최근의 운송 파업으로 새로운 원재료의 공급이 중지되어 한 달간 지연되었습니다.

The recent traffic strike held up supplies of new materials and resulted in a delay of a month.

발송을 빨리 하려고 노력하였으나 허사가 되었습니다.

We have made every possible effort to speed up delivery but unfortunately in vain.

지연은 2주일을 넘지 않을 것입니다.

We think the delay will not be more than two weeks.

선적 승인을 얻는 대로 바로 선적을 하겠습니다.

After receiving permission to make shipment, we will deliver right away.

지연을 사과 드리며 빨리 선적하도록 노력하겠습니다.

We apologize to you for this delay and we are doing our best to make shipment as quickly as possible.

선적을 빨리 하려고 특별한 수배를 하고 있으므로 1월 5일에 출항하는 다음 배를 이용할 수가 있습니다.

To make shipment as soon as possible, we are making special arrangements to ship and will be able to catch the next ship setting sail on January 5th.

20 손해 배상

이 클레임을 해결해야 하겠습니다.

We need to settle this claim.

A: I'm afraid I have to say there is no way your company can avoid the blame for the defects.
B: I'm so sorry about causing your company this big damage.
A: I hope it won't happen again in the future. We need to settle this claim somehow, I think. What are you willing to offer?
B: How about settling for a fifty percent reduction in price. Otherwise, we must ask you to take back the entire shipment.
A: That sounds like not a bad idea.

A: 귀사가 이번 결함의 책임을 피하실 수는 없을 것 같습니다.
B: 이렇게 큰 손해를 끼쳐 드려서 정말 죄송합니다.
A: 차후에는 이런 일이 없기를 바랍니다. 어쨌든 이 클레임을 해결해야 하겠습니다. 무엇을 제안하시겠습니까?
B: 가격을 반액으로 다운시키는 것은 어떻습니까? 그렇지 않으면 전량 취소하셔야 할 겁니다.
A: 나쁘지 않군요.

수출자와 수입자 간에 클레임이 원만하게 해결되지 않으면 국제적인 중재 기관에 중재를 요청할 수 있지만 실제적으로 해결되는 경우는 드물고 쓸데없는 비용과 시간만 낭비하게 되는 경우가 많다. 따라서 무역 거래를 시작하기에 앞서 상대 업체에 대한 면밀한 조사를 한 후 믿을 만한 상대와 거래를 시작하고, 클레임이 발생할 경우에는 상대방을 설득하여 당사자 간에 해결하는 것이 바람직하다.

관련 어휘

settle 해결하다
claim 클레임
blame 비난; 비난하다
defect 결점
damage 손해; 손해를 끼치다
compensate 보상하다
responsibility 책임
replace 교체하다

return 반환하다
overcome 극복하다
Letter of Claim 클레임 신청서
arbitration 중재
accept a claim 클레임에 응하다
surveyor's report 감정 보고서

저희가 손해 배상을 하겠습니다.
We'll compensate you for the loss.

클레임이 해결되지 않으면 거래는 끝입니다.
Either our claim gets settled or the deal is off.

저희 잘못이 아닌 손해 배상에 응할 수 없습니다.
We can't settle a claim that isn't our fault.

손해 배상의 정당성에 대해서는 의문의 여지가 없습니다.
There is no question when it comes to the legitimacy of our claim.

저희가 책임을 다 질 수 없습니다.
We can't assume full responsibility for it.

즉각적인 조치를 해 주셨으면 좋겠습니다.
I'd like you to take immediate action.

위와 같은 상황에서 보상의 차원으로 적절한 할인을 해 주시기 바랍니다.
Under the circumstances I would like to have a reasonable price reduction as compensation.

보상하는 차원에서 가격 인하를 해 주시기 바랍니다.
I would like to have a reasonable price reduction as compensate.

우리끼리 해결할 수 있을 것입니다.
We can work something out between ourselves.

반씩 양보해서 절충합시다.
What do you say we meet you halfway?

즉시 무료로 제품을 교체해 드리겠습니다.
We will replace the shipment immediately at no cost to you.

불량품을 최선의 가격으로 처분해 주시면 차액을 수표로 보내 드리겠습니다.
If you dispose of the damaged goods at the best price possible, we will send you a check for the difference.

현재로서는 운임 수취인 지급 조건으로 물건 전체를 반품할 수밖에 없습니다.
The only way we can take now will be to return all the goods to you with freight forward.

저희를 어떻게 원조하셔서 이 난항에서 저희가 극복할 수 있을지를 조속히 알려 주십시오.
We'd like to ask you to let us know immediately how you can help us in overcoming this difficulty.

국가별 화폐

1. 이탈리아-마리아 몬테소리(Maria Montessori)
1870. 8. 31 ~ 1952. 5. 6
이탈리아가 탄생시킨 최초의 여성 의학박사이며 정신의 학자이기도 한 마리아 몬테소리는 적절한 환경과 원조가 부여된다면 어린이는 스스로 성장한다는 실천 교육을 주장하여 세계 교육계에 커다란 영향을 주었다.

2. 폴란드 - 퀴리(Marie Curie)
1867. 11. 7(폴란드) ~ 1934. 7. 4(프랑스).
폴란드 태생 프랑스의 물리학자 방사능에 관한 연구로 유명하다. H. 베크렐과 그녀의 남편인 피에르 퀴리와 함께 1903년 노벨 물리학상을 받았으며, 1911년 단독으로 노벨 화학상을 받는 등 노벨상을 2번 받았다.

3. 영국 - 다윈(Charles (Robert) Darwin)
1809. 2. 12 ~ 1882. 4. 19
영국의 박물학자. 생물진화론의 정립에 큰 공헌을 하였다. 주요저서 《종의 기원》(1859), 《식물의 교배에 관한 연구》(1876)

4. 이탈리아 - 미켈란젤로(Michelangelo Buonarroti)
1475. 3. 6 ~ 1564. 2. 18
이탈리아의 화가 · 조각가 · 건축가 · 시인.

5. 노르웨이 - 뭉크(Munch, Edvard)
1863. 12. 12 ~ 1944. 1. 23
노르웨이의 화가. 주요 작품으로는 《별이 있는 밤》《백야(白夜)》 등이 있다.

6. 몽골 - 칭기즈칸[成吉思汗(성길사한), Chingiz Khan]
1162 ~ 1227
몽골제국의 창시자(재위 1206~1227). 별칭은 묘호(廟號) 태조(太祖), 이름 테무친[鐵木眞-Ttmuchin]

7. 인도 - 간디(Mohandas Karamchand Gandhi)
1869. 10. 2 ~ 1948. 1. 30
서부의 포르반다르 출생. 마하트마(위대한 영혼)라는 이름으로 불리는 인도 건국의 아버지

8. 프랑스 - 생텍쥐페리(Antoine(-Marie-Roger) de Saint-Exupery)
1900. 6. 29 ~ 1944. 7. 31
프랑스의 비행사·작가. 제2차 세계대전 중 미국에서 발표한 《어린 왕자 Le Petit Prince》(1943)는 작자 자신이 아름다운 삽화를 넣어서 독특한 시적 세계를 이루고 있다.

9. 쿠바 - 체 게바라(Che Guevara) Ernesto Guevara de La Serna.
1928. 6. 14 ~ 1967. 10
게릴라전의 이론가·전술가.
쿠바 혁명(1956~1959)의 공산주의자로 후에 남아메리카의 게릴라 지도자가 되었다.

10. 독일 - 슈바이처(Albert Schweitzer)
1875. 1. 14 ~ 1965. 9. 4
1975년 독일 발행 슈바이처 탄생 100주년 기념은화
독일의 의사, 신학자, 철학자, 오르간 연주자.
1952년 노벨 평화상 받음.

"우리가 이용할 수 있는 자원 중에서
끊임없이 성장과 발전을 기대할 수 잇는 유일한 것은
인간의 능력뿐이다."

피터 드러커
Peter Ferdinand Drucker

- 세계 경영학의 대가

PART II
STEP TO
ESSENTIAL

PART II
STEP TO ESSENTIAL

Chapter 1   통화 부탁
Chapter 2   부재 시
Chapter 3   간단한 용건
Chapter 4   약속 잡기
Chapter 5   전화관련 기타

Chapter 1 ● 통화 부탁

21 자기 소개 **This is Daniel Kim.**
22 연결 부탁 **May I speak to James?**
23 상대방 확인 **Who's calling, please?**
24 용건 묻기 **Who would you like to speak to?**
25 기다림과 연결 **Hold on. I'll put you through.**

Part II Step to Essential

21 자기 소개

저는 다니엘 김입니다.
This is Daniel Kim.

DIALOGUE

A: Hello, What can I do for you?
B: Hello, This is Daniel Kim of SONY.

A: 안녕하세요. 무엇을 도와 드릴까요?
B: 안녕하세요. 저는 소니사의 다니엘 김입니다.

EXPLAIN

전화영어에서 자신을 나타낼 때에는 "I"라는 대명사를 쓰기보다는 "This"라는 말을 쓴다. 물론 "I'm ..."을 쓰기도 하지만 서로 얼굴이 보이지 않고 처음 알게 된 사이라면 "This"를 쓰는 것이 더 일반적이다. 아는 사이에는 그냥 단순하게 "It's me. Ellie"라고 간단히 자신을 표현해도 좋다.

김수진 전화 바꿨습니다.
This is Soo-jin Kim (speaking).

접니다.
This is she(he).   -남자일 경우 he, 여자일 경우 she

한국에서 전화 드리는 이정수입니다.
This is Jung-soo Lee calling from Seoul.

저는 BMW사의 마케팅 매니저입니다.
I'm Marketing manager of BMW.

접니다. 마이클 정.
It's me. Michael Jung.

기억하실지 모르겠는데, 지난번 미팅에서 만난 제임스 리입니다.
I wonder if you remember me, we met at the meeting. It's James Lee.

전화연락 받고 전화 드립니다. 저는 제너럴 모터스사의 테리 스미스입니다.
I'm just calling back. This is Terry Smith of General Motors.

좀 전에 전화 드린 사람인데요. 저는 크리스 한입니다.
I just called. This is Chris Han.

22 연결 부탁

제임스와 통화할 수 있나요?

May I speak to James?

DIALOGUE

A: Hello.
B: May I speak to James?
A: Hold the line, please.

A: 여보세요.
B: 제임스 있습니까?
A: 잠시만 기다리세요.

EXPLAIN

"May I speak to James?" 아주 간단한 문장이지만, 갑자기 말하려고 하면 말이 안나올 때가 있다. 특히 우리말을 영작하려고 한다면, "계십니까?"가 영어로 무엇인지 떠오르지 않아 답답할 때도 있을 것이다. 영어표현은 아주 간단하다. "Can/May I speak to 상대이름?" 하면 된다. 끝에 살짝 'please'를 붙여 약간의 공손함을 표해도 좋다. 친구나 편한 사람과 통화한다면 "Is 상대이름 there?" 해도 무방하다.

잭 코너 있습니까?
Can I speak to Jack Conner?

린다 영 있나요?
May I speak to Linda Young?

마이크 있어요?
Is Michael there?

안녕하세요. 판매부장과 통화할 수 있을까요?
Hello. Could I speak to the sales manager?

미스터 리와 통화하고 싶은데요.
I'd like to speak to Mr. Lee.

관계자 아무나하고 통화하고 싶습니다.
May I speak to whoever is in charge?

켈리 넬슨이라는 이름을 가지신 분 계신가요?
Is there anyone there by the name of Kelly Nelson?

피터슨 댁입니까?
Is this the Peterson residence?   -residence 집, 가정집

인사부를 부탁합니다.
Could I have Personnel, please?

23 상대방 확인

누구신지 물어봐도 될까요?
Who's calling, please?

A: Who's calling, please?
B: This is Jennifer Clarke.

A: 누구신지 물어 봐도 될까요?
B: 저는 제니퍼 클락인데요.

전화를 걸어 대뜸 "누구누구"를 바꿔 달라는 경우가 종종 있다. 전화매너 중 첫째는 먼저 자신이 누군지를 밝혀야 한다. 이런 경우에 "이름이 뭐예요?"라는 의미로 "What's your name?"이라고 묻기 보다는 "May I ask who's calling?"이라고 물어 보자. 전화영어는 얼굴을 보고 말하는 것이 아니기 때문에 조금 더 정중한 모습을 보여주는 것이 좋다. 격식을 차리지 않아도 되는 상황에는 간단히 "Who's calling?"해도 좋다. 전화통화 시 이름을 말할 때는 'I'라고 하지 않고 'This'라고 말하는 것에 주의한다.

누구시죠?
Who's calling, please?

성함이 어떻게 되시죠?
May I have your name?

이름 좀 말씀해 주시겠어요?
Could you give me your name?

회사이름이 어떻게 되죠?
May I ask your company name?

(말씀하시는 분이) 누구시죠?
Who am I speaking to?

이름의 철자가 어떻게 됩니까?
How do you spell your name?

(아주 간단하게) 누구세요?
Who is this?

(직접적으로 이름을 묻지 않을 때는) 성함을 제가 모르겠는데요.
I don't have your name.

성함을 잘 못 들었거든요. 다시 말씀해 주시겠어요?
I didn't catch your name. Would you give me your name again?

24 용건 묻기

누구와 통화하고 싶습니까?

Who would you like to speak to?

A: Is this the Marketing department?
B: Yes, it is. Who would you like to speak to?

A: 마케팅 부서입니까?
B: 맞습니다. 누구와 통화하고 싶습니까?

전화 건 상대에게 먼저 통화하고 싶은 사람이 누구인지 물을 때 "Who would you like to speak to/with?"라고 말한다. "Who do you like to...?"보다 "Who would you like to..."가 더 공손히 들리는 표현이다. 용건을 물어 보고 싶을 때 "Why did you call?"이라고 하지 않는다. 한국식 표현을 영어로 바꾸는 것은 큰 오해를 살 수 있다. 그냥 단순히 "What can I do for you?"라고 말할 수 있다.

누구와 통화하고 싶습니까?
To whom would you like to speak?

누구와 통화하고 싶습니까?
Who are you trying to reach?

특별히 통화하고 싶은 분 있습니까?
Is there anyone special you would like to speak with?

어느 부서에 전화하신 겁니까?
Which department would you like to speak to?

무슨 일이시죠?
What can I do for you? / May I help you?

실례지만 무슨 용건이시죠?
What is it about, please?

왜 그분을 찾으시는지 물어도 될까요?
Can I ask you why you're trying to reach him?

그 사람과 무슨 얘기를 하려는지 물어도 될까요?
Can/May I ask you what you want to speak to him about?

왜 그 사람과 통화하려는지 물어 봐도 될까요?
Can/May I ask you for what you're wanting to talk to(with) him about?

무슨 일로 저를 보려고 합니까?
What do you want to see me about?

25 기다림과 연결

잠시만 기다리세요. 연결해 드릴게요.

Hold on.
I'll put you through.

DIALOGUE

A: Is there a Mr. Brown there?
B: Hold on, please. I'll put you through.

A: 브라운 씨 있나요?
B: 잠시만 기다리세요. 연결해 드릴게요.

EXPLAIN

전화 통화 상대를 찾을 때 기다리라는 말을 종종 듣게 된다. "Hold on, please." "Hold the line, please."라며 기다림을 요청하는데, 여기서 line 이라는 말은 전화선을 일컫는 말이다. 다른 사람에게 연결해 줄 때는 간단히 짧게 "I'll put you through"라고 전하게 되는데, 처음 듣게 되면 무슨 말인가 하고 당황할 수도 있다. 연결하려는 대상을 말할 때는 "I'll put you through to 사람이름."으로 말하면 된다.

잠시만 기다리세요.
Hold on for a second, please.

끊지 말고 기다리세요.
Hold the line, please.

잠시만 기다리시겠어요?
Would like to hold for a moment?

기다리게 해서 죄송합니다.
I'm sorry to have kept you waiting.

저희 인사과의 데이빗과 연결해 드릴께요.
I'll connect you with David of our Personnel division.

전화를 베이커씨에게 연결해 드리겠습니다.
I'll transfer your call to Mr. Baker.

담당자에게 연결해 드리겠습니다.
I'll put you through to the person in charge of the matter.

2077번과 연결해 주시겠어요?
Could I have extension 2077, please?

산드라 오와 연결해 드리겠습니다.
I'll get/put you through to Sandra Oh.

연결되었습니다.
You're through(connected).

전화에티켓 1

1 수화기에 바로 대고 말을 한다.
손에 들 것이 많아서 바로 말을 못하겠다면, 손이 편해지는 헤드셋을 구입하라.

2 전화시 껌을 씹거나 음식을 먹지 않는다.
상대방은 당신이 무엇을 먹고 있는지 궁금해서 통화에 집중하지 못한다.

3 홀드버튼을 이용해라.
전화할 때 옆에 다른 사람이 말을 걸면 수화기를 손으로 막고 말하지 말고 홀드버튼을 이용하라. 안 그러면 당신의 말이 새어나가 불필요한 오해를 살 수 있다.

4 벨이 2-3번을 넘지 않게 전화를 받는다.
너무 재빨리 받으면 상대가 깜짝 놀라 당황할 수 있고, 너무 늦게 받으면 상대방이 불쾌감을 가질 수가 있다.

5 "Good morning"보다 더 중요한 것이 있다.
많은 사람들이 오후인 것을 알면서도 순간적으로 "Good morning"이라고 말하는 실수를 종종 한다. 하지만 이보다는 그것을 말하는 사람의 목소리 톤이 더 먼저 귀에 들어온다는 것을 잊지 말자. 아주 우울한 목소리로 "Good morning"을 말하는 것보다 상대를 우울하게 만드는 것은 없다.

6 미소를 지어라.
보이지는 않지만 상대방은 느낄 수 있다.

7 항상 상대가 먼저 끊게 하라.
상대방으로 하여금 당신이 빨리 다른 볼일을 보러 가야 한다는 느낌을 주는 것은 바람직하지 않다.

Chapter 2 ● 부재 시

26 부재 이유 He's now at the meeting.
27 부재 이외의 이유 There are two Smiths here.
28 부재 시 대응 Please, call him tomorrow.
29 메모 남기기 Would you like to leave a message?
30 복귀 후 연락 I heard you called me.

Part II Step to Essential

26 부재 이유

지금 회의 중이십니다.

He's now at the meeting.

A: Can I speak to Jay Lee?
B: I'm afraid he's now at the meeting.

A: 제이 리 씨와 통화할 수 있을까요?
B: 지금 회의 중이십니다.

전화통화를 원하는 사람이 자리에 없을 경우가 많다. 다양한 표현과 상황을 평소에 익혀둔다면 이런 상황에 올바른 대답을 할 수 있다. 통화가 불가능한 경우 'I'm afraid…"나 'I'm sorry…와 같은 말을 덧붙인다면 상대에게 공손한 느낌을 전할 수가 있다.

아파서 못 오셨습니다.
He called in sick this morning.

출장중입니다. / 뉴욕에 출장중입니다.
He's out of town on business.
He's in NY on business.

방금 사무실에서 나갔습니다.
She has just stepped out of the office.

지금 자리에 안 계신데요. / 자리에 없습니다.
She is not at her desk right now.
She's away from her desk.

점심 먹으러 나갔습니다.
He is out to lunch.

오늘 근무 안합니다. / 오늘 월차입니다.
He is not working today.
He's off today.

퇴근했습니다.
He's gone for the day.
He's gone home.
He left for home.

아직 출근 안했습니다. / 출근 전입니다.
He hasn't come here yet.
He hasn't come in yet.

27 부재 이외의 이유

스미스 씨가 두 분이 있는데요.
There are two Smiths here.

A: I'd like to speak to Mr. Smiths.
B: I'm sorry but there are two Mr. Smiths here. Which one do you want to speak to?

A: 스미스 씨와 통화하고 싶습니다.
B: 죄송하지만 스미스 씨가 두 분이 있는데요.
어떤 스미스 씨와 통화하고 싶습니까?

자리에 없어서 전화를 받지 못하는 경우 외에도 전화통화가 불가능한 경우가 종종 있다. 여러 가지 갑작스러운 상황표현을 많이 접하고 그러한 상황에 적절히 써먹도록 하자.

지금 너무 바쁩니다.
I'm tied up at the moment.
I'm awfully busy at the moment.

몇 번에 전화하셨습니까?
What number are you calling?

전화 잘못 거셨는데요.
You must have the wrong number.

그런 이름 가지신 분 없는데요.
There is no one by that name.

죄송하지만 제가 지금은 관심이 없습니다. (통신 판매원에게)
I'm sorry, but I'm not really interested at this time.

지금 다른 분하고 통화중이신데요.
I'm sorry she's on another line, right now.

영어할 줄 아는 사람을 바꿔 드리겠습니다.
I'll get an English speaker for you.

구내번호가 바뀌었습니다. 새 번호는 2077입니다.
Her extension number has changed. Her new number is 2077.

다른 부서로 옮기셨습니다.
He moved to another office.

회사를 관두셨습니다.
He no longer works here. / He quit working here.

28 부재 시 대응

그에게 내일 전화하세요.

Please, call him tomorrow.

DIALOGUE

A: Is Matthew there?
B: He called in sick. Please call him tomorrow.

A: 매튜 있나요?
B: 아파서 안 왔는데요. 그에게 내일 전화하세요.

EXPLAIN

전화통화하고 싶은 사람이 없을 때 여러 가지를 상대에게 어떻게 해야 할지 제안할 수가 있다. 위의 상황에서는 내일 전화하라는 대답을 해 주었다. 그 외에도 다른 사람을 바꿔 주거나 통화가 가능한 번호를 가르쳐 주기도 한다. 제안하는 말이므로 "Why don't you call him later?", "Would you call him later?"와 같은 말로서 친절함을 전달할 수 있다.

그에게 전화하라고 할까요?
Should I have him call you?

나중에 그분께 다시 전화 주시면 안될까요?
Do you mind calling him again later?

123-4567번으로 전화해 보세요.
You can reach him at 123-4567.

이메일을 보내 보세요.
Please e-mail him. / Give him an e-mail.

핸드폰으로 전화해 보세요.
Why don't you call her at her cellular phone?

대신에 미스터 리와 통화하시겠습니까?
Would you like to speak with Mr.Lee, instead?

도와 드릴 수 있는 사람을 바꿔 드릴게요.
Let me get someone who can help you.

저한테 말씀하세요. 제가 해결해 드릴 수 있을지 모르겠네요.
You can talk to me. Maybe I can answer your question. / Maybe I can handle it for you.

죄송합니다만 그녀는 지금 여기에 없습니다.
성함과 전화번호를 주시면 그녀에게 전화하라고 하겠습니다.
I'm sorry, but she's not here right now. If you give me your name and number, I'll ask her to call you back.

29 메모 남기기

메모를 남기시겠습니까?

Would you like to leave a message?

A: May I speak to Mr. Hunter?
B: He's not in at the moment.
Would you like to leave a message?

A: 헌터씨와 통화할 수 있습니까?
B: 지금 안 계십니다. 메모를 남기시겠습니까?

메모를 남길 때 헷갈리지 말아야 할 것이 있다. 메모를 남기는 사람의 입장에서는 "Can I leave a message?"나 "Would you take a message?"라고 말할 수 있다. 메모를 받는 사람은 "Can I take a message?나 "Would you leave a message?"라고 할 수 있다. "Take a message"와 "Leave a message"를 올바르게 구별해서 쓰도록 하자.

메시지를 남기시겠습니까?
Can / May I take a message?

메시지를 남길 수 있을까요?
May I leave a message?
Could you take a message?

그에게 메시지를 전해 드릴까요?
Would you like me to give him a message?
Do you want me to take a message?

그녀에게 메시지를 전해 주실 수 있습니까?
Could you give her a message?
I'd like to leave a message for her.

그에게 전할 메시지가 있습니다.
I've got a message to send for him.

747-2341번으로 전화해달라고 전해 주세요.
Please tell him to call me at 747-2341.

그에게 되도록 빨리 전화해달라고 전해 주시겠어요?
Please ask him to call me as soon as possible?

그에게 편할 때 전화해달라고 전해 주세요.
Please ask him to give me a call when it's convenient.

30 복귀 후 연락

전화하셨다고 들었습니다.
I heard you called me.

DIALOGUE

A: Hello. Sandra Choi, speaking.
B: Hello. This is Eric Walker.
   I heard you called me while I was away.

A: 안녕하세요. 산드라 최입니다.
B: 안녕하세요. 저는 에릭 워커입니다.
   제가 없는 사이에 전화 주셨다고 들었습니다.

EXPLAIN

편한 사이에서는 메모를 받고 전화를 거는 경우 간단히 'Did you call me?'라고도 말할 수 있지만, 격식을 갖춰야 한다면, 조금의 공손함을 전해 주도록 하자. 전화를 늦게 다시 거는 경우라면, 'I'm sorry to call you late.' 등의 말을 덧붙여 상대의 기다림에 대한 미안함을 표현해 주는 것도 전화영어에서의 매너일 것이다.

연락받고 전화 드립니다.
I'm returning your call.

오늘 아침에 전화하셨다는 것을 방금 들었습니다.
I've just heard you called me this morning.

전화 했었니?
Did you call me?

전화 기다리고 있었습니다.
I've been waiting for your call.

너무 늦게 전화 드리는 건가요?
Am I calling too late?

전화통화하기가 정말 힘드네요.
It's really hard to reach you by phone.

어제는 전화를 드릴 수가 없었습니다.
I couldn't return your call yesterday.

빨리 전화 주셔서 감사합니다.
Thanks for being prompt in returning my call.

이렇게 늦게 전화해서 죄송합니다. 무슨 일이시죠?
I'm sorry to call you this late. How can I help you?

알파벳 전하는 법

말을 할 때 철자를 정확히 말해야 뜻이 정확하게 전달되는 경우가 있다. 영어도 마찬가지이다. 특히, 이름 철자를 전할 때가 그러하다. 다음이 그러한 경우이다.

- "How do you spell your name?"
  "That's spelled H-A-N-L, H for(as in) Hong Kong, A for(as in) America, N for(as in) New York, L for(as in) London.

A	AMERICA	B	BOMBAY
C	CHINA	D	DENMARK
E	ENGLAND	F	FRANCE
G	GERMANY	H	HONG KONG
I	ITALY	J	JAPAN
K	KOREA	L	LONDON
M	MEXICO	N	NEW YORK
O	OSLO	P	PARIS
Q	QUEBEC	R	ROME
S	SPAIN	T	TOKYO
U	UNION	V	VICTORY
W	WASHINGTON	X	X-RAY
Y	YELLOW	Z	ZEBRA

Chapter 3 간단한 용건

- **31** 안부 전화 How have you been?
- **32** 문의 전화 I'm wondering if I can have your fax number.
- **33** 확인 전화 I'm calling to make sure that you have received the invoice.
- **34** 항의 전화 I'm afraid I have to make a claim.
- **35** 감사 전화 Thank you for the 25% trade discount.

Part II Step to Essential

31 안부 전화

어떻게 지내셨습니까?

How have you been?

DIALOGUE

A: Hello. Chris Jones speaking.
B: Hello. This is James. How have you been?
A: Pretty good.

A: 여보세요. 크리스 존스입니다.
B: 안녕하세요. 제임스입니다. 어떻게 지내셨습니까?
A: 잘 지냅니다.

EXPLAIN

영어권 나라의 사람들은 전화통화를 할 때 가볍게 인사하고 바로 본론으로 들어가고 또 할 얘기를 마치면 짧게 인사하고 끊는 경우가 많다. 전화기 붙들면 본론 들어가기까지 그간 무슨 일 없었는지 사돈의 팔촌까지 물어보기 일쑤인 한국 사람에게는 영어권 사람과의 통화가 약간 정 없게 느껴질 때도 있다. 하지만 이것은 문화의 차이일 뿐이다. 전화통화에서도 그들의 문화에 익숙해지는 것 또는 중요한 부분일 것이다.

어떻게 지내셨습니까?
How are you?
How's everything?

오랜만에 통화하는군요.
It's been a long time since we last talked.

이제야 겨우 통화하게 되는군요.
I'm glad that I could reach you at last.

늦은 시간에 방해하는 게 아닌지 모르겠습니다.
I hope I'm not disturbing you so late.

사업은 어떻습니까?
How is your business?

별일 없습니다.
Nothing in particular.

아주 좋습니다.
Much better.
(Things) couldn't be better.

그럭저럭 지냅니다. 항상 똑같지요.
Just so so.

그다지 좋지 않습니다.
Not so good.

32 문의 전화

팩스번호를 알고 싶은데요.
I'm wondering if I can have your fax number.

DIALOGUE

A: Hello. May I help you?
B: Yes. I'm wondering if I can have your fax number.

A: 안녕하세요. 무엇을 도와 드릴까요?
B: 네. 팩스번호를 알고 싶은데요.

EXPLAIN

다른 회사로 문의를 하기 위해 전화를 할 경우가 많다. 간단한 인사와 함께 바로 용건을 말하는 것이 좋다. "I'm wondering...", "Could you tell me...?" 등의 표현을 써서 공손하게 상대에게 문의의 말을 할 수 있다.

회사 주소 좀 가르쳐 줄 수 있습니까?
Would you give me your office address?

회사 영업시간이 어떻게 됩니까?
What are your business hours?

현지 시각과 날씨를 알려 주실 수 있나요?
Could you tell me the local time and weather?

새 모델에 대한 정보를 주실 수 있습니까?
Do you have any information on the new model?

카달로그를 보내 주실 수 있습니까?
Would you mind sending us your catalogue?

그 계획에 대한 상세정보를 주실 수 있는지 궁금합니다.
I wonder if you give me more details about the project.

언제 새 품목을 출시하실지 궁금합니다.
I'm wondering when you put the new product on the market.

언제 저희 제안에 대한 답을 들을 수 있을까요?
How soon can we expect your answer to our proposal?

33 확인 전화

견적서를 받으셨나 확인 차 전화 드립니다.

I'm calling to make sure that you have received the invoice.

DIALOGUE

A: Hello. Can I help you?
B: I'm calling to make sure that you have received the invoice I faxed just now.
A: Let me see. Yes, I've got it already.

A: 안녕하세요. 무슨 일이시죠?
B: 좀 전에 팩스로 보낸 견적서를 받으셨나 확인 차 드립니다.
A: 잠시만요. 네, 받았습니다.

EXPLAIN

보낸 팩스나 소포 등이 제대로 도착했는지 확인을 하지 않을 경우 큰 낭패를 겪는 경우가 종종 있다. 항상 확인하는 습관을 들이는 것이 중요하다. 위 지문에서는 "make sure that…"의 구문을 사용했다. "make sure"는 '~을 확실히 하다' 라는 뜻으로 무엇인가를 확인하고자 할 때 자주 쓰이는 표현이다. 간단히 "Please make sure."라고 덧붙여도 좋다.

퀵으로 서류를 보냈는데 받으셨나요?
I'm calling to make sure you received the documents sent by quick service.

웹하드에 최신자료를 올려 드렸는데 받아 보셨나요?
We uploaded our latest data on Web-hard. Did you receive it?

이메일을 보냈는데 확인을 안하셔서 확인부탁 차 전화 드립니다.
I'm calling to ask you to check my email to you. I'm afraid you haven't checked it yet.

샘플을 소포로 어제 보내 드렸습니다. 받아 보셨습니까?
We sent you our sample by parcel post. Have you received it?

그 건은 어떻게 되어 가고 있나요?
How is the project going?
Where does it stand?

가능한 빨리 그 건을 확인하겠습니다.
We will look into this matter as soon as possible.

대금을 아직 받지 못했습니다. 송금에 문제가 없었는지 확인해 주시기 바랍니다.
We haven't receieved your payment. Please make sure there were no problems when transferring the funds.

확인해 보겠습니다.
I'll check. / Let me check.

34 항의 전화

죄송하지만 클레임이 있습니다.

I'm afraid I have to make a claim.

DIALOGUE

A: I'm afraid I have to make a claim.
B: What's it about?
A: I've ordered 100 boxes of A-4 paper. But a couple of boxes are missing.

A: 죄송하지만 클레임이 있습니다.
B: 뭐에 관한 것이죠?
A: 제가 A4용지 100박스를 주문했는데, 몇 박스가 모자랍니다.

EXPLAIN

주문한 물건의 품질이 나쁘거나 수량이 부족하거나, 파손되었을 경우 수입업자는 그로 인한 손해를 보상받을 권리가 있는데, 이 손해보상의 요구를 "Claim"이라고 한다. '손해배상을 청구하다'의 의미로 "make a claim, file a claim" 또는 "make a complaint"라고도 쓸 수 있다.

저희가 발주한 것과 다른 것을 보내셨습니다.
You have sent a different item from what I ordered.

보내주신 품목들이 파손되었습니다.
The items you've sent are broken.

가능한한 빨리 결제해 주시기 바랍니다.
We would like you to make the payment as soon as possible.

거래를 중단할 수도 있습니다.
We may break off our business relationship.

거래를 재고해야 할 것 같습니다.
I'm afraid we will have to reconsider our business relationship.

귀사의 가격이 생각보다 비싼 것 같습니다.
Your price is a bit higher than we had expected.

선적 지연에 대해 항의하려고 전화 드립니다.
I'm calling to complain of the delay in shipment.

귀사의 제품에 문제가 있습니다.
We have a problem with your products.

35 감사 전화

25%의 거래 할인에 감사 드립니다.

Thank you for the 25% trade discount.

DIALOGUE

A: Thank you for the 25% trade discount.
B: You are very important customer to us.
A: And also thanks for the 10% quantity discount you gave us.

A: 25%의 거래 할인에 감사 드립니다.
B: 당신은 우리에게 매우 중요한 고객입니다.
A: 또한 우리에게 제공한 10%의 수량 할인에도 감사 드립니다.

EXPLAIN

서비스나 친절에 감사의 말을 전해 자연스럽고 익숙해지는 것이 비즈니스 관계를 유하게 하는 작은 힘이 아닐까 한다. 손위 사람이 손아래 사람에게는 감사의 말에 인색한 한국의 문화와는 달리 영어권의 문화에서 일을 한다면 이것도 반드시 갖춰야 할 부분이다.

시간 내 주셔서 감사합니다.
Thank you for your time.
I appreciate your time.

저희 회사에 전화 주셔서 감사합니다.
Thank you for calling us.

신속히 처리해 주셔서 감사합니다.
We really appreciate your quick action.

공장을 구경시켜 주셔서 감사합니다.
Thank you for showing me around the factory.

주문해 주셔서 감사합니다. 준비되면 전화 드리겠습니다.
Thank you for your order. We'll call you when it's ready.

30% 거래 할인에 감사 드립니다.
Thank you for the 30% trade discount.

수고를 많이 해 주셔서 감사합니다.
I really appreciate all the trouble you've gone to.

신경 써 주셔서 감사합니다.
Thank you for thinking of me.

회사 파티에 초대해 주셔서 감사합니다.
I just wanted to say thank you for inviting me to your company party.

전화 에티켓 2

전화를 걸 때는 용건의 정확한 전달이 가장 중요하지만, 전화 매너도 그에 못지않게 중요한 부분이다. 전화에티켓을 다시 한번 짚어보며 항상 기억하도록 하자.

- **1** Identify Yourself
  인사 후 자신이 누구인지 밝힌다.

- **2** Respect Others' Time
  자신이 누구인지 밝힌 후, 용건으로 들어가기 전에 "Do you have a minute?" "Is this good time to reach you?" 라는 말을 해보자.

- **3** Ask Rather Than Just Place Someone On Hold
  상대를 기다리게 한 후에는, "I'm back." 이라고 하기보다는 "Thanks for waiting.." 이라고 말해보자. 누구인지 물어볼 때도 "Who is this?" 보다는 "Who is calling, please?" 라며 공손함을 전해보자. 특히 사업상으로 전화를 걸 때는 자신이 누구인지, 전화 건 이유를 분명히 전해야 한다. 예를 들어 "Hello, this is Brad Pete and I'm calling in response to the newspaper ad for an accountant." 처럼 말한다.

- **4** Call Waiting
  전화 통화 시 다른 전화가 걸려와 상대를 기다리게 할 때는 항상 허락을 먼저 구하라. 그리고, 30초이상 기다리게 하지 말라.

- **5** Answering / Voice Mail Machines
  자동응답기나 보이스메일이 나오면 꼭 전할 말이 있다면 메시지를 남겨라. 상대방은 차후에 그것을 듣고, 당신에게서 전화를 기다릴지, 자신이 전화를 다시 할지를 판단할 수가 있다. 상대와 통화할 때처럼, 무엇을 어떻게 말할지가 중요하다. 밝은 목소리로 말하는 것을 잊지 말자.

- **6** Use Good Speech Habits
  전화 시 하면 좋을 말과 지양할 말이 있다.
  - To use : "One moment please", "Yes", "All right", "She's not available now", "Good-bye"
  - Not to use : "Hang on", "Yeah", "Okey-Dokey", "Uh, dunno where he is"

Chapter 4 ● 약속 잡기

36 약속 잡기 I'd like to make an appointment with you.
37 약속 대답 I'm available on that day.
38 약속 정정 I have to cancel our meeting on May 1st.
39 약속 확인 I'm calling you to confirm our appointment.
40 약속 트러블 I got lost on my way to meet you.

Part II Step to Essential

36 약속 잡기

약속을 잡고 싶은데요.

I'd like to make an appointment with you.

DIALOGUE

A: Hello. This is Jacob Smiths of Star Company. May I talk to Mr. Choi?
B: Speaking.
A: I would like to make an appointment with you on March 13th.

A: 안녕하세요. 저는 스타사의 제이콥 스미스입니다. 미스터 최 있습니까?
B: 접니다.
A: 3월 13일에 만날 약속을 잡고 싶은데요.

EXPLAIN

만날 약속을 잡을 때는 "appointment"라는 말을 쓴다. 절대 "promise"를 쓰지 않는 것에 주의한다. "promise"는 맹세와 가까운 뜻이다. 종종 한글을 영어로 바꾸는 과정에서 혼돈하여 "promise"라는 말을 쓰게 되는데 정확한 어휘를 쓰는 것에 항상 유의하자.

약속을 잡을 수 있을까요?
Can we make an appointment, please?

6월 3일에 만나는 약속을 할 수 있을까요?
Could I make an appointment to see you on June 3rd?

언제 편하십니까?
When are you free?

금요일 오후 스케줄은 어떻습니까?
How is your schedule on Friday afternoon?

월요일 2시에 괜찮으십니까?
Are you open Monday at two?

몇 시가 편하십니까?
What time would be most convenient for you?

언제가 더 편한지 말씀해 주세요.
Please let me know which is more convenient for you.

그날은 비워 두십시오.
Please keep that day open.

전화로 말하기가 힘들군요.
It's too difficult to go over with you on the phone.

만나서 이야기합시다.
Let's meet and talk about it.

시내 사무실의 그렌트씨가 만날 약속을 잡고 싶어합니다.
Mr. Grant from the downtown office wants to set up an appointment with you.

37 약속 대답

그날은 한가합니다.

I'm available on that day.

DIALOGUE

A: Are you free on next Monday?
B: Let me see. Yes, I'm available on that day.

A: 다음 주 월요일에 한가하십니까?
B: 좀 보구요. 네, 그날은 한가합니다.

EXPLAIN

"available"은 '(물건, 사람이) ~에 이용될 수 있는' 이라는 뜻을 지닌 단어이다. "I'm available."은 약속을 정할 때 특별한 일이 없어서 수락할 경우 종종 쓰는 말이다. 일이 있어 약속을 못 잡고 거절할 경우 "I'm afraid...", "I'm sorry..." 등의 말을 덧붙여 상대를 배려하는 것을 잊지 말자.

저는 몇 시라도 괜찮습니다.
Any time is all right with me.

저는 괜찮을 것 같습니다.
That will be fine with me.

5월 25일은 비어 있습니다. (만날 수 있다.)
I'm free on May 25th.

약속되었습니다. (약속 확정)
It's settled.

언제가 편할지 말씀해 보세요.
Any time. You name it.

선약이 있는데요.
I've got a previous appointment.

그날은 약속이 꽉 찼습니다.
I'm fully booked on that day.

그날은 안될 것 같은데요.
I don't think I can make it at that time.

1시간 당겨서 만날 수 있나요?
Could you make it 1 hour earlier?

다음 달쯤에 만나기로 합시다.
Let's make it some day next month.

38 약속 정정

5월 1일 약속을 취소해야 할 것 같습니다.

I have to cancel our meeting on May 1st.

DIALOGUE

A: This is Andy Young speaking.
B: Smith here. Well, I'm sorry, but I have to cancel our meeting on May 1st.
A: What happened?

A: 저는 앤디 영입니다.
B: 스미스인데요. 저, 죄송한데, 5월 1일 약속을 취소해야 할 것 같습니다.
A: 무슨 일이 있나요?

EXPLAIN

약속을 취소하거나 변경할 경우 미리 상대 회사에 전화를 주는 것이 비즈니스의 예의일 것이다. 약속 시간 얼마 전에 불시에 바꿀 경우에는 사과의 말을 잊지 말도록 하자.

조금 일찍 만날 수 있을까요?
Why don't we make it a little earlier?

약속을 두 시로 당깁시다.
Let's move our appointment ahead to 2:00.

얼마나 늦을 것 같습니까?
How late are you going to be?

5월 1일 약속을 취소하고 싶은데요.
I have to cancel our meeting on May 1st.

그가 여행에서 돌아올 때까지 약속을 연기하려고 합니다.
We'll put off the meeting until he comes back from the trip.

갑자기 일이 생겨서 1시 미팅에 못 갈 것 같습니다.
Something has come up and I can't make our 1:00 meeting.

5시 30분 약속에 못 맞출 것 같습니다.
I'm afraid I won't be able to make our 5:30 appointment.

내일 예약을 일요일로 연기해야 할 것 같습니다.
We're going to have to postpone our reservation for tomorrow to Sunday.

다른 곳에서 만날 수 있을까요?
Can I meet you somewhere else?

내일 약속을 오늘로 바꾸는 건 어떻습니까?
How about changing our appointment from tomorrow to today?

39 약속 확인

약속을 확인하려고 전화 드립니다.
I'm calling you to confirm our appointment.

DIALOGUE

A: Hello. Jennifer Olsen speaking.
B: How are you? This is Lisa. I'm calling you to confirm our appointment for Monday, June 3.

A: 안녕하세요. 제니퍼 올슨입니다.
B: 잘 지내셨어요? 저는 리사에요. 6월 3일 월요일 약속을 확인하려고 전화 드립니다.

EXPLAIN

확인을 의미하는 어휘로는 "confirm, make sure, double-check" 등을 쓴다. 약속의 변동이 없는지 물을 때는 간단히 "Are we still on?", "Are we still meeting up?" 등의 표현을 쓴다.

그 사람과의 약속을 확인하려고 전화 드립니다.
I'm calling to confirm my appointment with him.

만나는 데 변동이 없죠?
Are we still meeting up as planned?
Are we still on?

늦지 마세요.
Make sure you are on time.

약속을 체크하려고 전화 드립니다.
I'm calling to check our appointment.

11월 11일 2시 미팅이 여전히 유효한지 체크 좀 하려고요.
I'm double- checking that 2:00 p.m. on November 11 is still ok for our meeting.

약속을 확인하려고 전화하려던 참이었어요.
I was going to call you to confirm our meeting.

6월 17일 금요일 오후 1시 약속에 변함이 없는지 확인하고자 합니다.
I'd like to confirm that we're still on for this Friday, June 17th at 1:00.

40 약속 트러블

그쪽으로 가다 길을 잃어버렸습니다.

I got lost on my way to meet you.

DIALOGUE

A: Hello. This is Michael calling.
B: Where are you, Michael? We've been waiting for you.
A: I'm so sorry. I got lost on my way to meet you.

A: 안녕하세요. 마이클인데요.
B: 어디 있어요, 마이클? 기다리고 있는데.
A: 죄송해요. 그쪽으로 가다 길을 잃어버렸습니다.

EXPLAIN

약속을 잘못 알거나 약속에 늦게 되어 전화를 걸게 되는 일이 있다. 또는 방문하는 경우 도착 전에 알리기 위해 전화를 거는 경우도 있다. 이럴 경우 "We are on our way to meet you. We'll get there within 5 minutes."와 같이 말할 수 있다.

조금 늦을 것 같습니다.
I'm afraid I'm going to be a little late.

약속 장소의 위치가 정확히 어떻게 됩니까?
Where exactly is the place we are supposed to meet?

눈에 띄는 것(표지판, 건물)이 있습니까?
Is there any landmark?

미팅 장소에 나왔는데 아무도 안 보입니다.
I'm here at the appointment place, but I see no one here.

만나기로 한 날짜를 잘못 안 것 같습니다.
I'm afraid I was confused with the date of appointment.

약속 장소가 바뀐 것을 늦게 알려 드려서 죄송합니다.
I'm sorry that I didn't inform you earlier that the meeting place has changed.

제가 장소에 못 나가고 동료를 대신 보냅니다.
I'm afraid I won't be able to make it for the appointment but my colleague will be there for me.

차가 막혀 정시에 도착 못할 것 같습니다.
There is too much traffic, so I'm afraid I won't be there on time.

먼저 회의를 진행하고 계십시오.
Would you start the meeting without me?

영어로 날짜와 시간 말하기

1 정각에는 o'clock을 붙이는 경우가 많다.
It's four o'clock. (지금은 4시입니다.)

2 몇 분 전, 후를 말할 때는 before, to, after, past 등을 쓴다. quarter는 15분, half는 30분을 말한다.
It's 10 to 5. (지금은 5시 10분 전입니다.)
It's 10 after 5. = It's five ten. (지금은 5시 10분입니다.)
It's a quarter to 10. (지금은 10시 15분 전입니다.)
It's a quarter past 10. = It's ten fifteen. (지금은 10시 15분입니다.)
It's half past two. = It's two thirty. (지금은 2시 30분입니다.)

3 오후(in the afternoon), 오전(in the morning), 정오(at noon), 자정(at midnight)을 말하는 표현도 익혀둡시다. a.m. (오전), p.m.(오후)
Call me 7 in the morning. (오전 7시에 전화하세요.)
I have a meeting 5 p.m. (오후 5시에 회의가 있습니다.)

4 연도는 2자리씩 끊어 읽는다.
1987년이라면, nineteen eighty seven이 된다. 1900년은 nineteen hundred, 1902년은 nineteen ou two라고 읽는다. 2005년은 two thousand ou five가 된다.

5 날짜를 말할 때 영국식과 미국식이 다르다.
영국식은 일월의 순으로, 미국식은 월일의 순으로 읽는다. 예를 들어, 2005년 7월 4일이라 하면, 영국식은 04/07/05 (**the fourth of July**, 2005)의 순으로 미국식은 07/04/05 (**July fourth**, 2005)라고 읽는다.

Chapter 5 전화관련 기타

41 다시 묻기 Would you speak up?
42 전화기 문제 I'm having a problem with my phone.
43 장거리, 수신자 전화 I'd like to place an international call.
44 항공권 예매 I need to book a flight.
45 휴대폰 관련 My batteries are almost dead.

Part II Step to Essential

41 다시 묻기

크게 좀 말씀해 주시겠어요?
Would you speak up?

A: Hello. This is Nina Kim.
B: Would you speak up? I can hardly hear you.
A: This is Nina.

A: 안녕하세요? 저는 니나 김이에요.
B: 크게 좀 말씀해 주시겠어요? 잘 안들려요.
A: 니나예요.

상대의 목소리 자체에 문제가 있어 정상적으로 통화하기 힘든 때가 있다. 목소리가 너무 크다면, "You're talking so loud." 목소리가 너무 작다면 "Your voice is small."이라고 말하고 부드럽게 통화를 이어가자.

듣고 계세요?
Are you listening?
Are you with me?

다시 한 번 말씀해 주세요.
Could you repeat that?
Come again?

좀 천천히 말씀해 주시겠어요?
Could you slow down a bit?

잘 들리세요?
Do you hear me cleary?

목소리를 좀 낮춰 주시겠어요?
Could you keep your voice down?
Could you speak a little more softly?

알아들으셨어요?
Do you understand what I'm saying?

더 크게 말씀해 주시겠어요?
Will you speak louder?

저한테 다시 읽어 주시겠어요?
Would you read it back to me?

42 전화기 문제

제 전화기에 문제가 좀 있습니다.

I'm having a problem with my phone.

DIALOGUE

A: I can't hear you. Will you speak up?
B: I'm sorry. I'm having a problem with my phone.

A: 잘 안 들려요. 크게 말씀해 주시겠어요?
B: 죄송합니다. 제 전화기에 문제가 좀 있습니다.

EXPLAIN

상대의 목소리보다는 전화기 자체의 문제로 통화를 이어나가기 힘든 경우도 있다. 전화기에 문제가 있는 것 같을 때 (There seems to be something wrong with my phone.) 끊고 다시 걸어도 될지(Shall I hang up and dial again?)를 물어보자.

수화기가 고장난 것 같습니다.
My phone is not working right.
The phone seems to be out of order.

다른 사람 목소리가 들려요.
I hear someone else talking on the same line.

혼선이 된 것 같습니다.
The line seems to be mixed up.

전화가 끊겨 버렸습니다.
I was cut off.

감이 멀군요.
We have a bad connection.

잡음이 많습니다.
There is a terrible noise.

전화가 먹통이에요.
The line is dead.
The line just went dead.

다른 전화기로 받을게요.
I'll switch over to another phone.

들렸다 안 들렸다 해요.
Your voice goes on and off.

43 장거리, 수신자 전화

국제 전화를 하고 싶습니다.

I'd like to place an international call.

DIALOGUE

A: International operator.
B: I'd like to make an international call to New York.
A: What's the number?

A: 국제전화 교환입니다.
B: 뉴욕으로 국제 전화를 하고 싶습니다.
A: 번호가 어떻게 됩니까?

EXPLAIN

국제전화 시 교환원이 "What's the number you want to call?"이라고 묻게 되면 area number와 local number(phone number)를 말해 주어야 한다. 누구와 통화를 원하는지 묻는 경우(Who would you like to talk to?) 특정하게 지정하지 않는다면 간단히 "Anyone"이라고 말한다. 그리고 교환원이 "Your party is on the line."이라고 하면 그때부터 통화가 가능하다.

미국으로 국제전화를 걸고 싶습니다.
I want to place an overseas call to the U.S.

한국의 부산으로 수신자부담 전화를 걸 수 있을까요?
Can I make a collect call to Busan in Korea?

메리 밀러씨에게서 수신자부담 전화가 왔습니다. 받으시겠습니까?
You have a collect call from Ms. Mary Miller. Will you accept?

토론토의 스미스씨에게서 장거리전화가 왔습니다.
This is a long distance call from Mr. Smith in Toronto.

국제전화입니다.
This is an overseas call.

어떤 통화 방법으로 하시겠습니까? 번호통화나 지명통화를 하시겠어요, 아니면 수신자부담 전화 통화를 원하십니까?
What kind of call do you prefer? Station or Personal or Collect call?

방의 전화로 국제전화를 걸 수 있습니까?
Can I call overseas from the room phone?

국제전화 요금이 가장 싼 때가 언제이죠?
When is the cheapest time to call overseas?

44 항공권 예매

항공권을 예약하고 싶습니다.
I need to book a flight.

DIALOGUE

A: I need to book a flight to LA.
B: Ok, is this a one-way or round trip ticket?

A: LA로 가는 항공권을 예약하고 싶습니다.
B: 네, 편도입니까, 왕복입니까?

EXPLAIN

"I'd like to make a booking for a flight to NY." "I'd like to make a reservation for a flight to NY." "I need to book a flight to NY."는 모두 항공권 예매의 표현이다. 72시간 전에 예약을 재확인하게 되는데 '재확인하다'는 "reconfirm"이라는 어휘를 쓴다.

할인 티켓은 없습니까?
Any tickets on discount?
Are any discount tickets available?

보스턴에서 시카고까지 가는 왕복 티켓이 얼마입니까?
How much is a round-trip plane ticket from Boston to Chicago?

747기의 자리를 예약할 수 있을까요?
Can I reserve a seat on Flight 747?

오픈 티켓을 가지고 있는데 한국으로 돌아가는 비행기 좌석을 예약하고 싶습니다.
I would like to make a reservation to Korea with my open ticket.

마이애미까지 가는 비행기 편이 있습니까?
Do you have any flights to Miami?

비행기747이 LA에 몇 시에 도착하게 됩니까?
What time does Flight 747 arrive in LA?

한국으로 돌아가는 비행기 편의 예약을 확인하고 싶은데요.
I want to confirm my return flight to Korea.

5월 7일 토요일 비행기를 취소해 주십시오.
Please cancel my flight for Saturday the 7th of May.

7월 23일 2003편의 예약을 변경하고 싶은데요.
I'd like to change a reservation for flight 2003 on July 23.

45 휴대폰 관련

배터리가 다 되갑니다.

My batteries are almost dead.

DIALOGUE

A: So, what I'm asking for you to…. is…..hm…well…
B: Mr. Lawrence, would you make it quick? My batteries are almost dead.
A: I'm sorry. We'd better meet and talk.

A: 그래서, 제가 부탁하고자 하는 것은…음..그러니까..
B: 로렌스 씨, 빨리 말해 주시겠어요? 배터리가 다 되갑니다.
A: 죄송합니다. 만나서 얘기하는 게 낫겠네요.

EXPLAIN

요즘은 외근중일 경우에는 핸드폰으로 통화하는 경우가 많다. 주변 상황이나 핸드폰 자체의 문제로 통화가 불편할 때도 종종 있는데, 이에 해당하는 표현 등을 많이 익혀두자.

배터리가 다 나갔습니다.
**The batteries died on my cell phone.
I used up my batteries.**

휴대폰이 진동이어서 못 들었습니다.
I didn't hear the phone ring. I had set it to vibration mode.

배터리가 다 되갑니다.
My phone's running out of batteries.

휴대폰을 진동으로 해 주세요.
Please put cell phones on vibrate or on silent mode.

아마 핸드폰을 꺼놓은 모양입니다.
He probably turned his cell phone off.

외근중이시니 핸드폰으로 연락해 보세요.
He's out of town on business, so call him on his cell phone.

배터리가 나가 전화하신 줄 몰랐습니다.
I didn't know you called me because my cell phone battery died.

핸드폰 문자로 전화번호를 찍어 주시겠어요?
Would you send the phone number by text message?

국제 전화걸기

1 해외(미국) ➡ 한국
011 - country code - area code - phone number

만약 서울에 123-4567번으로 국제전화를 하려면, 011-82-2-123-4567의 순서로 하면 된다. (*각 나라별 국가번호는 이 책의 page 194에 수록)

미국에서 방문회사에서 전화를 할 경우에 한국과 마찬가지로 9를 먼저 누르고 위의 순서대로 전화를 걸면 된다.

2 한국 ➡ 미국
001 - 1 - area code - phone number (한국통신)
002 - 1 - area code - phone number (데이콤)

1은 미국 국가번호이다.

3 미국 ➡ 미국
시내 전화(Local Call)는 지역 번호가(Area code)가 같은 지역에 하는 전화이다. 그리고 장거리 전화(Long distance call)는 지역 번호(Area code)가 다른 지역에 하는 전화이다. 뉴욕이나 L.A.와 같이 큰 도시는 2개 이상의 지역 번호를 사용하는 수도 있으므로, 전화를 걸기 전에 반드시 Area code가 동일한지 확인하는 것이 좋다. 전화를 걸 때는 아래와 같은 순서로 버튼을 누른다.

1 - area code - phone number

첫자리에 들어가는 1은 우리나라에서 장거리 전화를 할 때 지역번호에 0이 들어가는 것과 같다고 생각하면 된다.

SUPPLEMENT
부록

Answering Machine

전화 응답기

간혹 전화를 걸었는데, 자동응답기가 나오는 경우가 있다. 전화멘트나 전화메시지를 남기는 방법에 따라 회사의 이미지를 상대에게 좋게 심어줄 수가 있다. 전화응답멘트와 전화메시지를 남길 때 꼭 알아 두어야 할 것이 있다.

• 전화 응답기 멘트

1. 전화 건 상대에게 자신의 부재중을 알리는 멘트를 자동응답기에 남길 때에는, 상대방이 잘 알아들을 수 있도록 천천히 말한다.
2. 상대의 이름과 전화번호를 남겨달라는 말을 잊지 않는다.
3. 배경음악이나 비즈니스 명언들을 남겨서 재미있게 할 수도 있다. 하지만 반드시 상대가 기분 좋은 느낌을 가질 수 있도록 하는 것이 중요하다.
4. 전화를 건 사람이 메시지를 듣지 않고 다음 단계로 넘어갈 수 있다면, 그 방법을 알려 준다.
5. 다른 연락처가 있다면, 멘트에 포함시킨다.

Ex)

Hello. You've reached 123-4567. Please leave a detailed message after the beep. Thank you.

안녕하세요. 123-4567번에 전화 거셨습니다. 삐 소리가 난 후 자세한 메시지를 남겨 주세요. 감사합니다.

Hi, this is Catherine. I'm sorry I'm not available to take your call at this time. Leave me a message and I'll get back to you as soon as I can.

안녕하세요. 캐서린이에요. 이 시간에 전화를 받을 수 없습니다. 메시지를 남겨 주시면 되도록 빨리 전화 드리겠습니다.

Hello. This is Richard Anderson of SLP Education. I'm sorry but I'm out of the office right now. Please leave a message and I'll call you back as soon as possible. Thanks for calling.

안녕하세요. SLP 에듀케이션의 리처드 앤더슨입니다. 죄송하지만 지금 자리에 없습니다. 메시지를 남겨 주시면 되도록 빨리 전화 드리겠습니다. 감사합니다.

Thank you for calling Dr. Jacob's office. Our hours are 9 am-6 pm, Monday-Friday. Please call back during these hours, or leave a message after the tone. If this is an emergency, please call the hospital at 243-4527.

닥터 제이콥의 사무실에 전화 걸어 주셔서 감사합니다. 업무시간은 9시부터 6시까지, 월요일부터 금요일까지입니다. 업무시간에 전화 걸어 주시거나, 삐 소리 후에 메시지를 남겨 주세요. 긴급한 경우일 경우, 243-4527번으로 전화 걸어 주세요.

Q '삐소리가 난 후 메시지를 남겨주시고 별표를 눌러주세요.'를 영어로 어떻게 말하나요?

A 요즘의 전자식 전화에는 주로 별표나 우물정자가 있는데, 이 별표를 영어로 "**star**" 또는 "**asterisk**"라고 부른다. 우물정자는 "**pound**"라고 한다. 그래서 "**Please speak after the beep, and then press the star (asterisk) key.**"라고 영어로 말한다. "**beep**"이라는 말은 의태어로 간혹 전문적으로 들리지 않을 수도 있다. 이런 경우라면 "**Please leave a message at the sound of the tone.**"이라고 한다.

• 메시지 남길 때

1. 메시지를 남길 때에는 천천히 명확하게 말을 한다. 이름, 전화번호와 용건을 간단히 말하고, 전화번호 같은 숫자는 천천히 다시 말해 준다.
2. 만약, 답신을 필요로 하지 않는 경우라면(예를 들어, 약속 확인 등), 상대에게 충분히 설명을 해서 상대가 전화를 거는 번거로움을 피한다.
3. 상대방이 자신의 전화번호를 알고 있다고 하더라도, 다시 한번 전화번호를 남긴다.
4. 긴 메시지의 끝부분에는, 다시 한번 이름과 전화번호를 남긴다.

Ex)
Hey Jeawon. It's Michael. Call me! (informal)

안녕, 재원아. 마이클이야. 전화해!

Hello, this is Randy calling for David. Could you please return my call as soon as possible. My number is 294-3910. Thank you.

(안녕하세요. 데이빗하고 통화하려고 전화했습니다. 저는 랜디입니다. 되도록 빨리 전화 주세요. 제 번호는 294-3910입니다. 감사합니다.)

Hello Joan. This is Miranda from the doctor's office calling. I just wanted to let you know that you're due for a check-up this month. Please give us a ring/buzz whenever it's convenient.

(안녕하세요. 조앤. 저는 병원에서 전화 드리는 미란다입니다. 이번 달 정기검진일이 다가와서 전화 드렸습니다. 편하실 때 전화 주세요.)

Video Conference & Call Conference

화상회의 & 전화회의

• 화상회의

화상회의에 대한 인식변화와 기술발전으로 화상회의 시스템 시장이 급속히 커져가고 있다. 화상회의는 대기업, 병원, 방송사, 대학교 등 많은 기관에서 활발하게 사용되면서 점점 보편화되어 가고 있다.

화상회의에 필요한 것

비디오 카메라가 필요하고, 모든 회의 참가자가 일치하는 소프트웨어와 하드웨어를 구비하여야 하며, 모니터 위에 카메라가 설치되어 있어야 한다.

화상회의의 장점

국제회의의 경우 비싼 경비를 줄일 수 있고, 여행자의 피로도 줄이며 무엇보다도 막대한 시간을 절약해 준다. 대학에서는 원격강의, 병원에서는 협력병원 간의 긴밀한 협조의 차원으로 사용되고 있다.

화상회의 시 알아 두어야 할 것

1. 상대방의 말을 중간에 막지 않도록 주의한다. 의견 제시를 효과적으로 하는 훈련이 필요하다.
2. 얼굴표정, 목소리, 손짓, 몸짓 등의 바디랭기지가 확대되어 표현될 수도 있으므로 주의한다.
3. 화상회의도 일반회의와 마찬가지로 여러 준비가 필요하다. 사전에 장비와 전기시설 등을 테스트해 본다.
4. 회의 전 회의안을 참석자에게 모두 전달하고, 주변에 시계를 비치하여 회의시간을 준수하도록 한다.
5. 카메라를 빤히 쳐다본다거나, 공격적인 제스처를 삼가며, 손으로 얼굴을 가리지 않는다.

화상회의 서비스

전문업체에서 제공하는 서비스에는 회의실을 임대해 주거나, 장비일체를 렌탈해 준다.

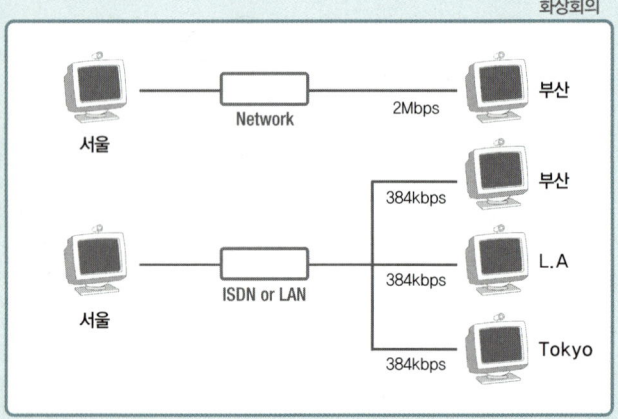

화상회의

• 전화회의

Call Conference로 불리는 전화회의는 미국 시장의 경우 연간 서비스 이용 금액이 2조원이 넘을 정도로 활발하게 비즈니스 수단으로 사용되고 있다.

전화회의의 장점

시간과 장소를 떠나 유/무선의 전화만 있으면 된다는 장점이 있다. 많은 기업들이 원격회의 수단으로 화상회의도 도입을 했지만, 공간적 제한 요소도 있고, 설비와 통신기반의 문제로 전화회의만큼 실효를 거두고 있지는 않다.

전화회의 시 알아 두어야 할 것

1. 목소리만 상대에게 노출되므로 목소리와 억양, 단어의 선택 등이 중요한 요소가 된다. 일반회의 때보다 더 많은 주의가 요구된다.
2. 바디랭기지를 보여줄 수 없으므로 명확하게 발음하고 자주 미소를 지으면서 말한다. 미소가 보이지는 않지만, 목소리와 억양에 그 차이를 실을 수 있다.

3. 일반 회의와 마찬가지로 의장이 참가자를 소개하고, 규칙을 알려 준다.
4. 회의 전 회의안과 회의시간 등을 참가자에게 미리 알린다.
5. 참가자는 말을 시작할 때 본인의 이름을 먼저 말하여 누구인지를 알린다.
6. 회의 후 3일 안에 문서화된 회의 내용을 이메일이나 팩스로 참석자에게 전달한다.

전화회의 서비스

현재 많은 전화회의를 제공하는 업체들이 늘고 있다. 이 업체들은 전화회의를 더욱 편리하고 능률적으로 이끌도록 서비스를 제공한다. 교환원이 모든 참석자를 참석시키는 것에서부터 회의 녹음과 통역까지도 서비스를 하고 있다.

전화회의

주최자 (서울)
참석자 A (부산)
참석자 B (동경)
참석자 C (L.A)
참석자 D (런던)
콜투게더 Bridge

World Time Zones Map

세계 시차표

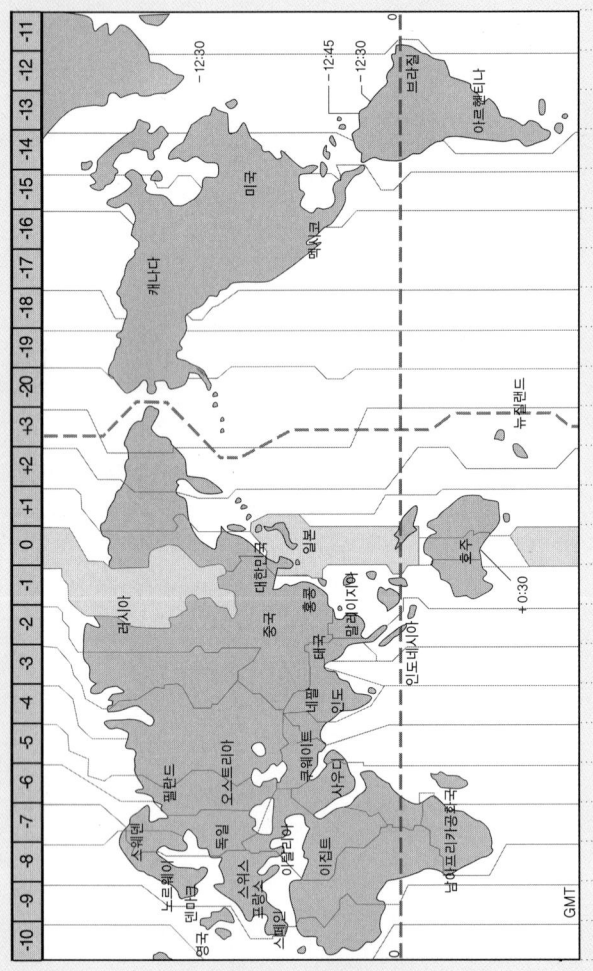

WORLD TIME ZONES MAP

	-11	-12	-13	-14	-15	-16	-17	-18	-19	-20	+3	+2	+1	0	-1	-2	-3	-4	-5	-6	-7	-8	-9	-10
뉴질랜드·피지	13	12	11	10	9	8	7	6	5	4	3	2	1	0	23	22	21	20	19	18	17	16	15	14
시드니·조지아섬	14	13	12	11	10	9	8	7	6	5	4	3	2	1	0	23	22	21	20	19	18	17	16	15
히로시마·규슈	15	14	13	12	11	10	9	8	7	6	5	4	3	2	1	0	23	22	21	20	19	18	17	16
서울·도쿄	16	15	14	13	12	11	10	9	8	7	6	5	4	3	2	1	0	23	22	21	20	19	18	17
북경·홍콩	17	16	15	14	13	12	11	10	9	8	7	6	5	4	3	2	1	0	23	22	21	20	19	18
싱가폴·서보랏시스쿨	18	17	16	15	14	13	12	11	10	9	8	7	6	5	4	3	2	1	0	23	22	21	20	19
방콕	19	18	17	16	15	14	13	12	11	10	9	8	7	6	5	4	3	2	1	0	23	22	21	20
뭄바이·디베하이	20	19	18	17	16	15	14	13	12	11	10	9	8	7	6	5	4	3	2	1	0	23	22	21
테헤란	21	20	19	18	17	16	15	14	13	12	11	10	9	8	7	6	5	4	3	2	1	0	23	22
모스크바	22	21	20	19	18	17	16	15	14	13	12	11	10	9	8	7	6	5	4	3	2	1	0	23
로마·시드니	23	22	21	20	19	18	17	16	15	14	13	12	11	10	9	8	7	6	5	4	3	2	1	0
런던·리스본	0	23	22	21	20	19	18	17	16	15	14	13	12	11	10	9	8	7	6	5	4	3	2	1
아조레스·곰브랜드	1	0	23	22	21	20	19	18	17	16	15	14	13	12	11	10	9	8	7	6	5	4	3	2
북극	2	1	0	23	22	21	20	19	18	17	16	15	14	13	12	11	10	9	8	7	6	5	4	3
리우데자네이루	3	2	1	0	23	22	21	20	19	18	17	16	15	14	13	12	11	10	9	8	7	6	5	4
뉴욕(+30분)·칠레	4	3	2	1	0	23	22	21	20	19	18	17	16	15	14	13	12	11	10	9	8	7	6	5
페루	5	4	3	2	1	0	23	22	21	20	19	18	17	16	15	14	13	12	11	10	9	8	7	6
시카고	6	5	4	3	2	1	0	23	22	21	20	19	18	17	16	15	14	13	12	11	10	9	8	7
서울·샌프란	7	6	5	4	3	2	1	0	23	22	21	20	19	18	17	16	15	14	13	12	11	10	9	8
앵커리지·북극·남극	8	7	6	5	4	3	2	1	0	23	22	21	20	19	18	17	16	15	14	13	12	11	10	9
미드웨이·사모아	9	8	7	6	5	4	3	2	1	0	23	22	21	20	19	18	17	16	15	14	13	12	11	10

Conversion Table

도량형 환산표

■ 길이

단위	Cm	m	인치	피이트	야드	마일	자	간	정	리
1 Cm	1	0.01	0.3937	0.0328	0.0109	…	0.033	0.0055	0.00009	…
1 m	100	1	39.37	3.2808	1.0936	0.0006	3.3	0.55	0.00917	0.00025
1 인치	2.54	0.0254	1	0.0833	0.0278	…	0.0838	0.014	0.0002	…
1 피이트	30.48	0.3048	12	1	0.3333	0.00019	1.0058	0.1676	0.0028	…
1 야드	91.438	0.9144	36	3	1	0.0006	3.0175	0.5029	0.0083	0.0002
1 마일	160930	1609.3	63360	5280	1760	1	5310.8	885.12	14.752	0.4098
1 (尺)	30.303	0.303	11.93	0.9942	0.3314	0.0002	1	0.1667	0.0028	0.00008
1 (間)	181.818	1.818	71.582	5.965	1.9884	0.0011	6	1	0.0167	0.0005
1 (町)	10909	109.091	4294.9	357.91	119.304	0.0678	360	60	1	0.0278
1 (里)	392727	3927.27	154619	12885	4295	2.4403	12960	2160	36	1

■ 면적

단위	평방자	평	단보	정보	평방미터	아아르	평방피트	평방야드	에이카
1평방자	1	0.02778	0.00009	0.000009	0.09182	0.00091	0.98841	0.10982	...
1평	36	1	0.00333	0.00033	3.3058	0.03305	35.583	3.9537	0.00081
1단보	10800	300	1	0.1	991.74	9.9174	10674.9	1186.1	0.24506
1정보	108000	3000	10	1	9917.4	99.174	106794	11861	2.4506
1 m²	10.89	0.3025	0.001008	0.0001	1	0.01	10.764	1.1958	0.00025
1 a	1089	30.25	0.10083	0.01008	100	1	1076.4	119.58	0.02471
1 ft²	1.0117	0.0281	0.00009	0.000009	0.092903	0.000929	1	0.1111	0.000022
1 yd²	9.1055	0.25293	0.00084	0.00008	0.83613	0.00836	9	1	0.000207
1 acre	44071.2	1224.2	4.0806	0.40806	4046.8	40.468	43560	4840	1

■ 무게

단위	그램(g)	킬로그램(kg)	톤(t)	그레인	온스(oz)	파운드(lb)	도(도)	근(斤)	관(貫)
1 g	1	0.001	0.000001	15.432	0.03527	0.0022	0.26666	0.00166	0.000266
1 kg	1000	1	0.001	15432	35.273	2.20459	266.666	1.6666	0.26666
1 t	1000000	1000	1	…	35273	2204.59	266666	1666.6	266.666
1그레인	0.06479	0.00006	…	1	0.00228	0.00014	0.01728	0.00108	0.000017
1온스	28.3495	0.02835	0.000028	437.4	1	0.0625	7.56	0.0473	0.00756
1파운드	453.592	0.45359	0.00045	7000	16	1	120.96	0.756	0.12096
1톤	3.75	0.00375	0.0000004	57.872	0.1323	0.00827	1	0.00625	0.001
1근	600	0.6	0.0006	9259.556	21.1647	1.32279	160	1	0.16
1관	3750	3.75	0.00375	57872	132.28	8.2672	1000	6.25	1

■ 부피

단위	홉	되	말	Cm³	m³	l	in³	ft³	yd³	gal(미)
홉	1	0.1	0.01	180.39	0.00018	0.18039	11.0041	0.0066	0.00023	0.04765
1 되	10	1	0.1	1.8039	0.0018	1803.9	110.041	0.0637	0.00234	0.47656
1 말	100	10	1	18039	0.01803	18.039	1100.41	0.63707	0.02359	4.76567
1 Cm³	0.00554	0.00055	0.00005	1	0.00001	0.001	0.06102	0.00003	0.00001	0.00026
1 m³	5543.52	554.325	55.4352	1000000	1	1000	61027	35.3165	1.30802	264.186
1 L	5.54352	0.55435	0.05543	1000	0.001	1	61.027	0.03531	0.0013	0.26418
1입방인치	0.09083	0.00908	0.00091	16.386	0.00001	0.01638	1	0.00057	0.00002	0.00432
1입방피트	156.966	15.6666	1.56966	28316.8	0.02931	28.3169	1728	1	0.03703	7.48051
1입방야드	4238.09	423.809	42.3809	764511	0.76451	764.511	46656	27	1	201.974
1 gal(미)	20.9833	2.0983	0.20983	3785.43	0.00378	3.78543	231	0.16368	0.00495	1

Currency by Country

국가별 화폐

Country	Currency
Afghanistan	Afghani
Albania	Lek
Algeria	Dinar
Andorra	Euro
Angola	New Kwanza
Antigua and Barbuda	East Caribbean dollar
Argentina	Peso
Armenia	Dram
Australia	Australian dollar
Austria	Euro (formerly schilling)
Azerbaijan	Manat
Bahamas	Bahamian dollar
Bahrain	Bahrain dinar
Bangladesh	Taka
Barbados	Barbados dollar
Belarus	Belorussian ruble
Belgium	Euro (formerly Belgian franc)
Belize	Belize dollar
Benin	CFA Franc
Bhutan	Ngultrum
Bolivia	Boliviano
Bosnia and Herzegovina	Marka

Country	Currency
Botswana	Pula
Brazil	Real
Brunei Darussalam	Brunei dollar
Bulgaria	Lev
Burkina Faso	CFA Franc
Burundi	Burundi franc
Cambodia	Riel
Cameroon	CFA Franc
Canada	Canadian dollar
Cape Verde	Cape Verdean escudo
Central African Republic	CFA Franc
Chad	CFA Franc
Chile	Chilean Peso
China	Yuan/Renminbi
Colombia	Colombian Peso
Comoros	Franc
Congo, Republic of	CFA Franc
Congo, Democratic Republic of the	Congolese franc
Costa Rica	Colon
Cote d'Ivoire	CFA Franc
Croatia	Kuna
Cuba	Cuban Peso
Cyprus	Cyprus pound
Czech Republic	Koruna
Denmark	Krone
Djibouti	Djibouti franc

Country	Currency
Dominica	East Caribbean dollar
Dominican Republic	Dominican Peso
East Timor	U.S. dollar
Ecuador	U.S. dollar
Egypt	Egyptian pound
El Salvador	Colon; U.S. dollar
Equatorial Guinea	CFA Franc
Eritrea	Nakfa
Estonia	Kroon
Ethiopia	Birr
Fiji	Fiji dollar
Finland	Euro (formerly markka)
France	Euro (formerly French franc)
Gabon	CFA Franc
Gambia, The	Dalasi
Georgia	Lari
Germany	Euro (formerly Deutsche mark)
Ghana	Cedi
Greece	Euro (formerly drachma)
Grenada	East Caribbean dollar
Guatemala	Quetzal
Guinea	Guinean franc
Guinea-Bissau	CFA Franc
Guyana	Guyanese dollar
Haiti	Gourde
Honduras	Lempira

Country	Currency
Hungary	Forint
Iceland	Icelandic krona
India	Rupee
Indonesia	Rupiah
Iran	Rial
Iraq	U.S. dollar
Ireland	Euro
	(formerly Irish pound [punt])
Israel	Shekel
Italy	Euro (formerly lira)
Jamaica	Jamaican dollar
Japan	Yen
Jordan	Jordanian dinar
Kazakhstan	Tenge
Kenya	Kenya shilling
Kiribati	Australian dollar
Korea, North	Won
Korea, South	Won
Kuwait	Kuwaiti dinar
Kyrgyzstan	Som
Laos	New Kip
Latvia	Lats
Lebanon	Lebanese pound
Lesotho	Maluti
Liberia	Liberian dollar
Libya	Libyan dinar

Country	Currency
Liechtenstein	Swiss franc
Lithuania	Litas
Luxembourg	Euro (formerly Luxembourg franc)
Macedonia	Denar
Madagascar	Malagasy franc
Malawi	Kwacha
Malaysia	Ringgit
Maldives	Rufiya
Mali	CFA Franc
Malta	Maltese lira
Mauritania	Ouguiya
Mauritius	Mauritian rupee
Mexico	Mexican peso
Moldova	Leu
Monaco	Euro
Mongolia	Tugrik
Morocco	Dirham
Mozambique	Metical
Myanmar	Kyat
Namibia	Namibian dollar
Nauru	Australian dollar
Nepal	Nepalese rupee
The Netherlands	Euro (formerly guilder)
New Zealand	New Zealand dollar
Nicaragua	Gold cordoba

Country	Currency
Niger	CFA Franc
Nigeria	Naira
Norway	Norwegian krone
Oman	Omani rial
Pakistan	Pakistan rupee
Palau	U.S. dollar used
Palestinian State (proposed)	New Israeli shekels, Jordanian dinars, U.S. dollars
Panama	balboa; U.S. dollar
Papua New Guinea	Kina
Paraguay	Guarani
Peru	Nuevo sol (1991)
The Philippines	Peso
Poland	Zloty
Portugal	Euro (formerly escudo)
Qatar	Qatari riyal
Romania	Leu
Russia	Ruble
Rwanda	Rwanda franc
St. Kitts and Nevis	East Caribbean dollar
St. Lucia	East Caribbean dollar
St. Vincent and the Grenadines	East Caribbean dollar
Samoa	Tala
San Marino	Euro
Sao Tome and Principe	Dobra
Saudi Arabia	Riyal

Country	Currency
Senegal	CFA Franc
Serbia and Montenegro	Yugoslav new dinar
Seychelles	Seychelles rupee
Sierra Leone	Leone
Singapore	Singapore dollar
Slovakia	Koruna
Slovenia	Slovenian tolar
Solomon Islands	Solomon Islands dollar
Somalia	Somali shilling
South Africa	Rand
Spain	Euro (formerly peseta)
Sri Lanka	Sri Lanka rupee
Sudan	Dinar
Suriname	Surinamese dollar
Swaziland	Lilangeni
Sweden	Krona
Switzerland	Swiss franc
Syria	Syrian pound
Taiwan	Taiwan dollar
Tajikistan	somoni
Tanzania	Tanzanian shilling
Thailand	baht
Togo	CFA Franc
Tonga	Pa'anga
Trinidad and Tobago	Trinidad and Tobago dollar
Tunisia	Tunisian dinar

Country	Currency
Turkey	Turkish lira (YTL)
Turkmenistan	Manat
Tuvalu	Australian dollar
Uganda	Ugandan new shilling
Ukraine	Hryvna
United Arab Emirates	U.A.E. dirham
United Kingdom	Pound sterling (£)
United States	dollar
Uruguay	Uruguay peso
Uzbekistan	Uzbekistani sum
Vanuatu	Vatu
Vatican City (Holy See)	Euro
Venezuela	Bolivar
Vietnam	Dong
Western Sahara (proposed state)	Tala
Yemen	Rial
Zambia	Kwacha
Zimbabwe	Zimbabwean dollar

Country Code

국가별 코드

Country	Code
Alaska (알라스카)	1+907
Albania (알바니아)	335
Algeria (알제리아)	213
American samoa (미국령 사모아)	684
Andorra (안도라)	376
Angola (앙골라)	244
Anguilla (안퀼라)	1+264
Antarctica (안타티카)	672+1
Antigua (안티과)	1+809
Argentian (아르헨티나)	54
Armenia (아르메니아)	374
Ascension (아세숀)	247
Austria (오스트리아)	43
Azerbaidjan (아제르바이젠)	994
Azores Is (아조레스섬)	351
Austalia (호주)	61
Bahamas (바하마)	1+242
Bahrain (바레인)	973
Bangladesh (방글라데쉬)	880
Barbados (바베이도즈)	1+246

Country	Code
Luxembourg (룩셈부르크)	362
Lebanon (레바논)	961
Lesotho (레스토)	266
Liberia (라이베리아)	231
Libya (리비아)	218
Liechtenstein (리히텐슈인)	41+75
Mozambique (모잠비크)	258
Myanmar (Burma) (미얀마)	95
Macao (마카오)	853
Macedonia (마케도니아)	389
Madagascar (마다가스칼)	261
Madeira Is. (마데이라섬)	351+91
Malawi (말라위)	265
Malaysia (말레이지아)	60
Maldives (몰디브)	960
Mali (말리)	223
Malta (몰타)	356
Marshall Is. (마샬제도)	692
Martinique (마르티니크)	596
Mouritania (모리타니아)	222

Country	Code
Belarus (벨라루스)	375
Beigium (벨지움)	32
Belize (벨리제)	501
Benin (베넹)	229
Bermuda (버뮤다)	1+441
Bhutan (부탄)	975
Bolivia (볼리비아)	591
Bosnia-Herzegovina (보스니아헤르코비나)	387
Botswana (보츠와나)	267
Brazil (브라질)	55
Brunei (브루나이)	673
Bulgaria (불가리아)	359
Burkina Faso (브르키나파소)	226
Burundi (브룬디)	257
Canbodia (캄보디아)	855
Cameroon (카메룬)	237
Canada (캐나다)	1
Canary Is. (카나리제도)	34+28
Cape Verde (카푸버데)	238
Cayman Is. (케이멘제도)	1+345
Central African Rep. (중앙아프리카)	236

Country	Code
Mauritius (모리셔스)	230
Mayotte (마요트)	269+6
Mexico (멕시코)	52
Moldova (몰도바)	373
Monaco (모나코)	377
Mongolla (몽골)	976
Montserrat (몬데세라토)	1+664
Morocco (모로코)	212
Norfolk Is. (노르폭섬)	672+3
Norway (노르웨이)	47
Namibia (나미비아)	264
Nauru (나우르)	674
Nepal (네팔)	977
Netherlands (네델란드)	31
Netherlands antilles (안틸레스)	599
New Caledonia (뉴칼레도니아)	687
New Zealand (뉴질랜드)	64
Nicaragua (니카라과)	505
Niger (니제르)	224
Nigeria (나이제리아)	234
Niue Is. (나우에섬)	683

Country	Code
Chad (차드)	235
Chile (칠레)	56
China (P.R.C) (중국)	86
Christmas Is. (크리스마스제도)	61+91
Cocos Is (코코스섬)	61+91
Colombia (콜롬비아)	57
Comoros (코모로)	269
Congo (콩고)	242
Cook Is. (쿡제도)	682
Costa Rica (코스타리카)	506
Croatia (크로아티아)	385
Cuba (쿠바)	53
Cyprus (싸이프러스)	357
Czech (체코)	420
Denmark (덴마크)	45
Diego Garcia (디에고가르시아)	246
Djibouti (지브티)	253
Dominica Is. (도미니카)	1+767
Dominican Rep. (도미니카공화국)	1+767
Ecuador (에콰도르)	593

Country	Code
Oman (오만)	968
Portugal (포르투갈)	351
Puerto Rico (푸에르토리코)	1+787
Pakistan (파키스탄)	92
Palau (팔라우)	680
Panama (파나마)	507
Papua New Guines (파푸뉴기니아)	675
Paraguay (파라과이아)	595
Peru (페루)	51
Philippines (필리핀)	63
Poland (폴랜드)	48
Qatar (카타르)	974
Reunion Is. (레위니옹)	262
Romania (루마니아)	40
Russia (러시아)	7
Rwanda (르완다)	250
Saipan (사이판)	670
San Marino (산마리노)	378
Saudi Arabia (사우디아라비아)	966
Senegal (세네칼)	221

Country	Code
Egypt (이집트)	20
El Salvador (엘살바도로)	503
Equatorial Guinea (적도기니아)	240
Eritrea (에리트리아)	291
Estonia (에스토니아)	372
Ethiopia (이디오피아)	251
Falkland Is. (포클랜드섬)	500
Foroe Is. (DEN)	298
Fiji (피지)	679
Finland (핀랜드)	358
France (프랑스)	33
Gabon (가봉)	241
Gambia (잠비아)	220
Georgia (그루지아)	995
Germany (독일)	49
Ghana (가나)	233
Gibrltar (지브랄타)	350
Greece (그리스)	30
Greenland (DEN) (그린랜드)	299
Grenada (그레나다)	1+809
Guadeloupe Is. (과델로프)	590
Guatemala (과테말라)	502

Country	Code
Seychelles (세이셀)	248
Sierra Leone (씨에라네온)	232
Singapore (싱가폴)	65
Slovak (슬로바키아)	421
Slovenia (슬로베니아)	386
Solomon Is. (솔로몬제도)	677
Somalia (소말리아)	252
South Africa (남아공화국)	277
Spain (스페인)	34
Sri Lanca (스리랑카)	94
St. christopher (세인트크리스토퍼)	1+809
St. Helena (세인트헬레나)	290
St. Kitts (세인드키츠)	1+809
St. Lucia (세인트루시아)	1+758
St. Vincent (세인트빈센트)	1+809
Sudan (수단)	249*
Suriname (수리남)	597
Swaziland (스와질랜드)	268
Sweden (스웨덴)	46
Switzerland (스위스)	41
Syria (시리아)	963
Tadzhikistan (타자키스탄공화국)	7

Country	Code	Country	Code
Guiana (French) (가아나)	594	Tahiti (타이티)	689
Guinea Bissau (가나아비쏘우)	245	Taiwan (타이완)	886
Guinea (R.P) (기니아)	224	Tanzania (탄자니아)	255
Guyana (기이니아)	592	Thailand (태국)	66
Haiti (아이티)	509	Togo (토고)	228
Hawaii (하와이)	1+808	Tonga (통가)	676
Honduras (온듀라스)	504	Trinidad & Tobogo (트리니다드토바고)	1+868
Hong Kong (홍콩)	852	Tunisia (튀니지)	216
Hungaruy (헝가리)	36	Turkey (터키)	90
Iceland (아이슬랜드)	354	Turkmenistan (투르크메니스탄)	993
India (인디아)	91	Turks & Caicos Is. (턱스케이코스제도)	1+649
Indonesia (인도네시아)	62	Tuvalu (투발루)	688
Iran (이란)	98	Uganda (우간다)	256
Iraq (이라크)	964	Ukraine (우크라이나)	380
Ireland (아일랜드)	353	United Arab Emirates (아랍에미레이터)	971
Israel (이스라엘)	972	United Kingdom (영국)	44
Italy (이태리)	39	Uruguay (우르과이)	598
Ivory Coast (아이보리코스트)	225	U.S.A (미국본토)	1
Jamaica (자마이카)	1+876	Uzbekistan (우주베키스탄)	7
Japan (일본)	81	Vanuatu (바누아투)	678

Country	Code	Country	Code
Jordan (요르단)	962	**Vatican City** (바티칸시티)	39+6
Kazakhstan (카자흐스탄)	7	**Venezuela** (베네쥬엘라)	58
Kenya (케냐)	254	**Viet Nam** (베트남)	84
Kiribati (키리바티)	686	**Westem Samoa** (서사모아)	685
Korea (한국)	82	**Yemen Arab Rep**. (북예멘)	976
Kuwait (쿠웨이트)	965	**Yemen (PDR)** (예멘)	969
Kyrayzstan (키르기즈스탄공화국)	7	**Yogoslavia** (유고슬라비아)	381
Laos (라오스)	956	**Zaire** (자이레)	243
Latvia (라트비아)	371	**Zambia** (잠비아)	260
Lithuania (리튜아니아)	370	**Zimbabwe** (짐바브웨)	263

Biz Key Words

비지니스 필수 어휘 모음

가

가격 price

가격 협정 price cartel

가격 인상 price increase

가격 인하 price cut

가격 할인 discount

가공비 cost of processing

가구 furniture

가내 공업 cottage industry

가능성 possibility

가사 house keeping

가전 제품 home electronics

가치 value

가트(관세와 무역에 관한 일반 협정) General Agreement on Tariffs and Trade (GATT)

경제 economy

경제기획성 Economy Planning Agency

경제백서 economy white paper

경제성장(률) economic growth (rate)

경제 위기 economic crisis

경제협력 개발기구 The Organization for Economic Cooperation and Development (OECD)

경축일 national holiday
계산하다 calculate
계약(서) contract
계약금 deposit
계약서 contract document
계열 회사 affiliated company
계좌(번호) account (number)
계획 plan / project / scheme / program
계획경제 planned economy
고금리 high interest rate
저금리 low interest rate
고정비 fixed cost
고정자본 fixed capital
고장자산 fixed assets
고정환율제 fixed exchange rate system
고충 complaint
공급 supply/provide
공공사업 public works
공단 / 공사 public corporation
공동조합 cooperative association
공무원 government clerk (employee)
공사 construction
공시가격 posted price
공업 industry / engineering
공업기술원 Agency of Industrial Science and Technology

공업제품 Industrial products
공익사업 public utility
공인회계사 Certified Public Accountant (CPA)
공장 factory / Plant / mill
공장폐기물 industrial discharge
공장 폐쇄 lockout
공장 폐수 industrial waste water
공정거래위원회 Fair Trade Commission (FTC)
공정보합 official discount rate
공중전화 pay phone
공학 engineering
공해 pollution
과당경쟁 excessive competition
과대표시 overestimate
과세 taxation
과소평가 underestimate
과잉생산 overproduction
과학 science
관세 customs duty / tariff
관세장벽 tariff barrier
광고대리점 advertisement agency
교섭 negotiation
교외 suburb
교제비 entertainment expenses
교통사고 traffic jam

구독(료) subscription
구조개혁 restructuring
구조적 불황 structural recession
국립의 national
국민소득 national income
국민총생산 Gross National Product (GNP)
국민총소득 Gross National Income (GNI)
국민총지출 gross national expenditure
국세 national tax
국세청 National Tax Administration Agency
국제노동기구 International Labor Organization (ILO)
국제무역전시장 international trade fair
국제수지 international balance of payment
국제전화 international call
국제통화기금 International Monetary Fund (IMF)
국채 government bond
국회 congress(미) parliament(영)
귀금속 precious metals
귀중품 valuables
규제완화 deregulation
규칙 rule / regulation
근무시간 working hours
금고 safe / vault
금융 finance
금융시장 money market

금융위기 financial crisis
금융업 financial business
금융정책 monetary policy
급료 pay / salary
급한 urgent
기간 period
기구 instrument
기기 machine
기상청 Meteorological Agency
기술 technics / technology
기업 enterprise / business
기업윤리 business ethics
기입하다 fill in / fill out
기획 project
기획안(서) project proposal
긴급사태 emergency
깨지기 쉬운 fragile

나

나누다 divide
납기 elivery date / the delivery deadline
납세자 taxpayer
납입자본 equity capital
내구성 durability
내구소비재 durable consumer goods

내선 extension
내수 domestic demands
내역 breakdown
내역서 dateiled statement
내용 contents
내용연수 durable years
냉동 freezing / refrigeration
냉동식품 frozen food
노동기준량 assignment / quota
노동(근로)기준법 Labor Standard Low
노동시간 working hours
노동재해 labor accident
노동조건 working conditions
노동조합 labor union / trade union
노동협약 labor contract
녹음 recording
녹화 videotape recording
농가 farmhouse
농업 agriculture
농장 farm
농협(농업협동조합) Agricultural Cooperative Association (ACA)
능률 efficiency

다

다각경영 diversified operation

다국적기업 multinational corporation
다운존스 평가 주가 Dow-Jones Average
단기순이익 net profit for the term
단위 unit
단체 group / party
달러 고 strong dollar
달러 저 weak dollar
담보 mortgage
담보물건 securities
당좌 current account
당좌예금 checking account
대량구입 bulk purchase
대량생산 mass production
대리점 agent
대차대조표 balance sheet
도매가격 wholesale price
도매물가지수 Wholesale Price Index (WPI)
도매업자 wholesaler
도시계획 city planning
도시재개발 urban redevelopment
도움이 되는 useful
독점 monopoly
독점가격 monopoly price
독점금지법 Anti-Monopoly Law
동결 freeze

동료 colleague
동봉하다 enclose
두뇌집단 think tank
등기우편 registered mail
등록하다 register
딜러 / 판매업자 dealer

라

리베이트 rebate / refund

마

마이너스 성장 negative growth
마진무역 margin trading
만기 maturity / due date
만기일 date of maturity
매뉴얼 manual
매매계약 sales contract
매상 sales / proceeds / revenue
매수시장 buyers' market
면담 talk / interview
면세 tax exemption
면세품 duty-free goods
면접 interview
모조품 imitation / fake
모회사 parent corporation

목적 purpose / objective / aim
목적지 destination
무게 weight
무료의 free
무상의 gratis / free
무역 trade
무역마찰 trade friction
무역분쟁 trade dispute
무역불균형 trade imbalance
무역수지 balance of trade
무역적자 trade deficit
무역흑자 trade surplus
무이자의 interest-free
문제 problem / question
물가 prices
물가지수 price index
물건 article / goods
물물 교환 무역 barter trade
물품세 commodity tax
민간자본 private capital
민간투자 private investment

바

바겐세일 bargain sale
바꾸다 change / exchange

박람회 fair / exposition
반도체 semiconductor
반제품 half-finished product
반품하다 return / send back
방법 method / way / manner
배당(주식의) dividend
배당률 dividend rate
벌칙금 penalty
법률 law
법원 Minister of Justice
법인 corporation
법인세 corporate income tax
법인소득 corporate income
변동환율상장 floating foreign exchange rate
변상(하다) compensation (compensate)
변제 repayment
변제하다 repay / pay back
별도 우편 separate mail
보건 복지부 Ministry of Health and Welfare
보건소 health center
보내다 send
보세창고 bonded warehouse
보세화물 bonded cargo
보증 guarantee
보증금 deposit

보증인 guarantor
보통의 common / ordinary
보험 insurance
복리후생제도 fringe benefits
본사 headquarters
부가가치세 value-added tax
부대조건 collateral condition
부도수표 bad check
부도어음 dishonored bill
부동산 real estate / property pier / wharf / water-front
부서 division / department / section
부정기적인 irregular
부족 shortage
분류 classification
분리과세 separate taxation
분실 loss
분할지불 installment plan
불경기 recession / depression
불량품 defective product
불연성의 fireproof / non- flammable
불입자본 paid-in capital
불황 recession / business slump
비교(하다) comparison (compare)
비내구재 non-durable goods
비상장주 unlisted stock

비영리 (단체) non-profit (organization)
비용 cost / expense
비율 ratio / percentage
비정부기관 non governmental organization
비철금속 nonferrous metal

사

사고 accident
사다/구입하다 buy purchase
사단법인 corporation
사무용기기 office machine
사무용품 office supplies
사반기 a quarter of the year
사서함 post office box (POB)
사양산업 sunset industry
사원증 company ID
사인 signature
사전협의 prior consultation
사직 resignation
사직하다 resign
사회보장 social security
사회보험 social insurance
사회복지 social welfare
사회자 master of ceremony (MC)
산업 industry

제1차산업 primary industry
제2차산업 secondary industry
제3차산업 tertiary industry
산업공해 industrial pollution
산업구조 industrial structrue
산지 place of production
상공회의소 Chamber of Commerce and Industry
상담 business talk / negotiation
상반기 the first half of the year
상상 trading company
상세 detail
상여금 bonus(특별상여금 special bonus 연말상여금 year-end bonus)
상장 market price
상장주 listed stock
상점경영자 shop owner
상품거래소 commodity exchange
상황 situation / circumstances
상회하다 exceed / jump over
생명보험 life insurance
생산 production
생산고, 거래액 turnover
생산규모 production scale
생산성 productivity
생활수준 standard of living
서류 documents / papers

서명 signature
선금, 전도금 deposit
선물 futures
선박보험 hull insurance
선불금 prepayment
선적 shipping
선적서류 shipping documents
선전 advertising / publicity
선편 sea mail
설명서 operating manual
설명하다 explain
설비투자 equipment investment
성장률 growth rate
성장산업 growth industry
세계무역기구 the World Trade Organization (WTO)
세계은행 World Bank
세관 customs
세관신고서 customs declaration form
세금 tax / duty
세율 tax rate / tariff [관세의]
세제개혁 tax reform
소득 income
소득세 income tax
소매업자 retailer
소모품 consumption goods / items

소비세 consumption tax
소비자 consumer
소비자물가지수 consumer price index
소비재 consumer goods
소포 parcel
손님 visitor / customer / guest
손익분기점 break-even point
손해 damage / loss
손해배상 damage payment
송금 remittance
수단 means
수당 allowances
수도권 metropolitan area
수뢰 bribe
수리공장 repair shop
수리하다 repair / mend
수산청 Fishery Agency
수수료 commission / fee
수식 formula / expression
수신인 addressee
수예품 handicraft
수요 demand
수입(하다) import
수입관세 import duty
수입세율 import tariff

수입업자 importer
수입자유화 import liberalization
수입제한 import restriction
수출(하다) export
수출어음 export bill
수출업자 exporter
수취계정 account receivable
수취인 recipient
수표 check
숙련노동자 skilled worker
순이익 net profit
숨은 이익 hidden profit
스태그플레이션 stagflation
승급 pay raise
승인 approval / acknowledgement
승진 promotion
시간외 수당 overtime pay
시내전화 local call
시외국번 area code
시외통화 long-distance call
시작품 trial product
시장점유율 market share(penetration)
시장조사 market survey
시중은행 city bank
시차 time difference

시행착오 trial and error
시험 test / examination
식품첨가물 food additive
신고하다 declare
신용금고 credit association
신용상태 credit standing
신용장 letter of credit (L/C)
신용조사 credit inquiry
신청(하다) application (apply)
신탁회사 trust company
실업 unemployment
실업률 unemployment rate
실업자 unemployment person
실용신안특허 utility model patent
실질임금 real wages
실행예산 working budget
십진법 decimal system
싼 inexpensive / cheap

아

아르바이트 part-time job / side job
안내서 manual / handbook
안내광고 classified ad
안내소 information office
애프터서비스 after-sales service

액면 face value / par
약 medicine
약속 promise
약속어음 promissory note
어업 fishery
어음 bill / draft
어음교환 bill clearing
어음교환처 bill clearing house
어음할인 discounting of a bill
에너지 energy
에너지절약 energy saving
엔고 strong yen
엔기준 yen-base(d)
엔약세 weak yen
여론조사 (public opinion) poll
연간매상액 annual sales
연공서열제 seniority system
연구개발 Research and Development (R&D)
연기하다 put off / postpone
연대책임 joint responsibility
연방거래위원회(미국) Federal Trade Commission (FTC)
연쇄반응 chain reaction
연수입 annual income
연차보고 annual report
영수증 receipt

영업거점 business base
영업라인 business line
영업방침 business policy
영업보고 business report
영업비 business expenses
영업소 sales office / sales branch
영업시간 business hours
영업안내 business guide
영업외 수익 non-operating income
예 example
예금 / 예치금 deposit
예금구좌 account
예금통장 bankbook / passbook
예금하다 / 맡기다 deposit / check
예비금 reserve
예산 budget
예산안 budget bill
예상하다 expect
예술 art
예정 plan / schedule
오너 owner
오에이 / 사무자동화 Office Automation (OA)
옵션 / 선택 option
외국계 회사 foreign affiliate
외국의 foreign

외국인 foreigner
외국환전 foreign exchange
외국환전시장 foreign exchange market
외상값 accounts receivable
외상계정 credit account
외상판매 credit sales
외자 foreign capital
외주선 vendor / supplier
외채 foreign bond
외화 foreign currency
요구하다 demand / require / request
요금 charge / fare / fee / rate
요금표 price list
용구 equipment / tool
우량주 blue chip
우송처 forwarding address
우송하다 send by mail / post
우체국 post office
우편 mail / post
우편번호 zip code
우편환전 postal money order
운송 / 운수 transportation
운송보험 transport insurance
운송비 transportation cost
운송업자 common carrier

운용자금 working assets
운임 fare
운임(화물) freight
운임선불 freight forward / freight prepaid
운임표 tariff
운임협정 tariff agreement
원가 actual (cost)
원가계산 cost accounting
원인 cause
월부 / 할부 monthly installment
위약금 penalty
위임장 letter of attorney
위탁 trust
위탁금 trust money
위탁판매 consignment sales
위험 danger
유가증권 securities
유급휴가 paid holiday
유기물질 organic substance
유동자본 floating capital
유동자산 liquid assets
유럽통화제도 European Monetary System (EMS)
유예 delay / grace
유예기간 grace period
유제품 dairy products

유지비 maintenance cost
유통 distribution
유통기구 distribution pipeline
은행원 bank clerk
음식업 restaurant businesses
음향효과 acoustics
의견 opinion / view
의료 medical care
의제 agenda
이서(하다) endorsement (endorse)
이용 use
이유 reason
이율 yield
이익 profit
이자 interest
인건비 personnel cost(expenses)
인사 personnel
인사이동 personnel rotation
인쇄 printing
인쇄물 printed matter
인스턴트식품 instant foodstuffs
인플레 inflation
인플레 비율 inflation ratio
일반회계 general account
일손부족 labor shortage

일차산업 primary industry
일차생산품 primary product
임금 wage
임대 rent
임시의 temporary
입구 entrance
입지조건 geographical conditions
잉여금 surplus

자

자격 qualification
자동판매기 vending machine
자료 data / material
자본(금) capital
자유화 liberalization
자율규제 self-imposed control
자회사 subsidiary company
작업장 workplace
잔고 balance
잠재수요 potential demand
잠정예산 provisional budget
잡지 magazine
재개발 redevelopment
재고 stock / inventory
재고관리 inventory management

재고조사 stocktaking
재고조정 inventory adjustment
재단법인 foundation
재료 material
재정 finance
재정적자 financial deficit
재정부 Ministry of Finance
저금리 low interest
적립금 reserve
적자 deficit
적자예산 deficit budget
적자재정 deficit finance
적정가격 fair price
적하보험 cargo insurance
전기기계 electric machinery
전람회 / 전시회 exhibition
전략 strategy
전문가 specialist / expert
전문점 specialty store
전술 tactics
전신환 telegraphic transfer (TT)
전자공학 electronics
전제조건 precondition / prerequisite
전통의 traditional
전화번호부 telephone directory

접속 connection
접수처 reception desk
정기예금 time deposit
정기적인 regular
정년 retirement age
정보 information
정보산업 information industry
정의 definition
제로성장 zero growth
제3세계 Third World
제안 proposal
제안하다 propose
제조(하다) manufacture
제조업자 / 제조업체 manufacturer
제품 product
시작품 trial product
신제품 new product
견본품 sample product
제한 limit / restriction
제휴처 business partner
조건 condition
조직 / 단체 organization
종류 kind / sort
종업원 employee
주5일 근무제 five-day week

주문하다 order
주식 stock
주식거래 stock trading
주식시장 stock market
주식회사 corporation
준비 preparation
중간관리직 middle management
중개서비스 mediation services
중공업 heavy industry
중단 interruption
중성세제 neutral detergent
중소기업 small and medium-sized enterprise
중요인물 VIP(very important person)
중재 arbitration
중재하다 mediate / go between
증가 increase
증감 increase and decrease
증권거래소 stock exchange / securities exchange
증권거래위원회(미) Securities and Exchange Commission
증명서 certificate
지방공무원 local government employee
지방세 local tax
지방자치제 local government
지급기일 due date
지불 payment

지불연기 deferred payment
지수 index
지역 area / region
지역사회 community
지위 position
지적소유권 intellectual property right
지출삭감 spending cut
지폐 bill / bank note
지하 basement / underground
지휘계통 chain of command
직업 occupation / profession
직접판매 over-the-counter sales
직접투자 direct investment
질 quality

차

창고 warehouse
첨단기술 high technology
청구서 invoice / bill
초과 excess
총리실 Prime Minister's Office
최저요금 minimum charge
최저임금 minimum wage
추가예산 supplementary budget
축산업 livestock industry

출장 business trip
취급하다 handle / treat
취소하다 cancel
취업규정 office regulations
층 floor

카

컨테이너선 container ship
콤비나트, 기업결함 industrial complex

타

타협하다 compromise
택배서비스 door-to-door delivery service
통상산업부 Ministry of International Trade and Industry (MITI)
통신판매 mail order sales
통역하다 interpret
통지 notice
통화 currency
통화안정 currency stabilization
통합 integration
투기 speculation
투자 investment
투자신탁 investment trust
특산품 specialty
특징 characteristics / special feature

특허청 Patent Agency
틈새산업 niche industry

파

파산 bankruptcy
파업 walkout
판매 sale
판매가격 selling price
판매대리점 sales agent
판매비 selling expenses
판매촉진 sales promotion
팔다 sell
평가 evaluation
평균 average
평균치 average value
폐기물 waste
폐기물 처리 waste treatment
포장(하다) wrapping (wrap)
포함하다 include
표시 indication
표준 standard
표준가격 benchmark price
품목 / 항목 item
품절 sold out
품질 quality

품질관리 quality control
품질증명서 certificate of quality
필요서류 necessary document

하

하이테크 high technology
하청기업 subcontractor
한국수출입은행 Export-Import Bank of Korea
할인 discount
할인어음 discounted bill
할인율 discount rate
할증금 extra charge
할증요금 premium
합리화 streamlining
합병 merger
합작투자(업체) joint venture
항공 air traffic / aviation
항공권 air ticket
항공기 aircraft
항공우편 airmail
항공회사 airline
항생물질 antibiotic
해상보험 marine insurance
해외지사 overseas branch
해외투자 foreign investment

행선지 / 목적지 destination
행정지도 administrative guidance
허가 permission
현금 cash
현금유출입 cash flow
현지법인 local company
협력 cooperation
협의 consultation / discussion
협회 association
형 model / type
형태 form / shape
호혜무역 reciprocal trade
홍보활동 public relations (PR)
화물 cargo / freight
화물 운송료 freight charge
화물차 freight car
화장품 cosmetics
화제 topic / subject
화학 chemistry
화학비료 chemical fertilizer
화해 reconciliation
확인하다 confirm
환경청 Environment Protection Agency
환불 refund / repayment
환전 exchange

환전(소)　money exchange
환전률　exchange rate
회사　company / corporation
회원　member
회원증　membership card
회의　meeting
회의실　meeting room
효과　effect
휴가　vacation / holiday
휴일　holiday / day off

PHONE NOTE
비즈니스 전화영어 활용 카드

Unit 01 제품 소개

귀사 제품은 타사 제품과 비교했을 때 어떻습니까?
How would you compare your products to those of other manufacturers?

최근에 새로운 모델을 출시했는데, 크게 히트할 것 같다.
We've just put out a new model that I know will really go over big.

저희가 올해 출시할 예정인 새로운 특별브랜드를 좀 보여 드리겠습니다.
I want you to have a look at the new special brand we're planning to put out next year.

저희 제품과는 비교가 안 될 것입니다.
I bet it can't compare with ours. / There is no comparison.

이전 모델보다 특·장점이 더 많습니다.
This has more features and advantages than the last model.

제일 좋은 제품입니다.
This is the best we got. / This is top-notch.

이게 요즘 유행입니다.
This is the largest selling brand.

더 내구성이 있습니다.
It is more durable.

기존 제품보다 더욱 편리하게 쓰실 수 있습니다.
It is more convenient than the previous product.

미국에서 크게 히트한 상품입니다.
This product is a big hit in the USA.

저희 제품은 가격은 저렴하지만 고품질입니다.
Our products are less expensive but higher in quality.

1년 동안 무료로 AS해 드립니다.
The product is guaranteed for 1 year.

최신 기술이 사용되었습니다.
The most advanced technology has been adopted.

개선 후에 고객층이 훨씬 넓어졌습니다.
After improvements were made, the customers base has been greatly broadened.

당사 제품의 내용은 인터넷 홈페이지에서 게재되어 있으니 참조해 주시기 바랍니다.
Our company has a homepage on the Internet. Please check there for information on our products.

Unit 02 회사 소개

귀사의 주종 사업 분야는 무엇입니까?
What's your company's main line of business?

주요 생산품이 어떤 것입니까?
What are your main products?

아주 다양합니다.
We are very diversified.

의류수입을 전문으로 해 오고 있습니다.
We've been specializing in importing clothing.

가전제품에서 의류까지 넓은 범위의 제품을 만들고 있습니다.
We produce a wide range of products from electrical products to clothing.

대부분의 생산을 해외외주에 맡기고 있습니다.
We are sending production offshore.
Many products are made by outsourcing.

저희 시장점유율은 작년에 약 70%가 넘었습니다.
Our market share was over 70% last year.

매출은 작년과 비슷합니다.
The sales are pretty much the same as we've had before.

당사의 작년 매출 규모는 60억 원이었습니다.
The sales of our company were 6 billion won last year.

싱가폴과 말레이시아에 지사가 있습니다.
We have branches in Singapore and Malaysia.

저희 자회사입니다.
It's our subsidiary company.

당사는 금년에 창립 60년입니다.
Our company is celebrating its sixtieth anniversary this year.

한국교역은 1980년에 설립되었습니다.
Korea Trading was established in 1980.

당사는 2년 전에 법인으로 되었습니다.
We were incorporated two years ago.

당사의 종업원 수는 약 300명입니다.
The number of employees at our company is about 300.

Unit 03　가격 문의

이 품목의 가격은 얼마입니까?
How much are you asking for this item?
What's your asking price on this?
What's the price of this model?
Can you give me a quotation on that item?

두 모델 A와 B에 대해 어떻게 가격을 제안하시겠습니까?
What's your offer on the two models, A and B?

비용은 얼마입니까?
How much does it cost?

도매가격은 얼마입니까?
What's the wholesale price?

운송비는 얼마입니까?
How much will delivery be?

견적가는 얼마입니까?
What is the estimated price?

100개는 얼마입니까?
How much is it for 100 units?

소비세를 포함한 가격입니까?
Does the price include sales tax?

당사의 가격은 최근 1년간 그대로입니다.
Our prices have remained the same for the last year.

올해 가격인상을 15% 할 예정입니다.
We're thinking of a 15% price increase.

그 가격에는 운임이 포함되어 있습니다.
The price includes freight charges.

그 물건의 운송비는 $40입니다.
Shipping for that item will be $40.

적재인도가격이 아닌 운임과 보험료를 포함한 가격을 알고 싶습니다.
I'd like to know the CIF price instead of the FOB.

통관비용과 항공료 포함 운송료 견적을 보내주십시오.
Please send us an estimate for the shipping cost, including customs duties and airfreight charges.

Unit 04 재고 문의

이 상품의 재고가 있습니까?
Is this product still in stock?

남아있는 재고가 있습니까?
Is there any stock left?

언제쯤 살 수 있을까요?
When will you have it in stock?

재고가 다 떨어졌습니다.
We are out of stock now.

현재 원하시는 디자인의 재고가 없습니다.
I'm afraid the design you want now is not in stock.

재고가 늘고 있습니다.
The inventory is increasing.

재고 과잉입니다.
We are overstocked.

죄송하게도 지금 그 모델의 재고가 다 떨어졌습니다.
I'm sorry to report we're out of stock on that particular model at the moment.
We don't carry that at the moment.
I'm sorry, that particular model is currently out of stock.

재고 중에 즉시 이용이 가능한 비슷한 제품이 없을까요?
Do you have anything similar in stock that's readily available?

재고가 없어서 주문중입니다.
We are out of stock and it is on order.

재고는 모두 자사 창고에 보유하고 있습니다.
Inventories are located in our own warehouses.

현 재고품은 시세로 팔릴 것입니다.
Present inventories will be sold at current prices.

Unit 05 납품 의뢰

왜 그렇게 오래 걸리지요?
Why is it taking so long?

이 주문은 언제까지 돼야 합니까?
When is this one due?

얼마만에 준비할 수 있습니까?
How long does it take to prepare the product?

지금 주문하면 언제쯤 상품 인도가 가능할까요?
How soon can you deliver if I place an order right now?

물품이 도착하는 데 얼마나 걸릴까요?
How long will it take for the merchandise to arrive?

저희 주문번호 K204의 납품은 어떻게 되었습니까?
What happened to the delivery of my order No.K204?

인도일은 언제로 생각하고 계십니까?
What do you have in mind in the way of a delivery date?

첫 선적을 10월 중으로 해 주실 수 있을까요?
Can you make the initial delivery in October?

납기를 좀 앞당겨 주실 수 있습니까?
Could you move up the delivery date?

납기를 좀 연기해 주실 수 있습니까?
Could you extend the delivery deadline?

가장 빠른 인도일을 말씀해 주시죠.
Would you tell us your earliest delivery date?

되도록 빨리 제품이 필요합니다.
We need to have the products as soon as possible.

즉시 선적해 주십시오.
Please make shipment immediately.

10일 내로 사무실로 배달해 드리겠습니다.
It'll be delivered to your office in 10 days.

주문하신 것은 이미 발송 처리되었습니다.
Your order is already being processed.

Unit 06 계약 협상

그렇게 하시든가 그만 두시든가 하십시오.
Take it or leave it.

거래 조건을 잘 해 드리겠습니다.
I'll give you a good deal.

귀사 상품은 아직 경쟁력이 부족합니다.
You're still not competitive.

저흰 이미 사실상 생산원가에 판매하고 있습니다.
We're already practically selling at cost.

그 문제에 대해서는 고려할 용의가 있습니다. 하지만 문제는 어느 정도냐 하는 것이죠.
I'm open to that, but the question is how far.

이것 참 곤란하게 하시는군요.
You're kind of putting me on the spot.

일단 시도는 해 보지요. 하지만 꼭 된다는 보장은 할 수 없습니다.
I'll try, but I can't give you any firm promises.

이번 양보하는 게 마지막입니다.
This is our final concession.

중요 사안에 솔직한 의견 교환을 할 수 있기를 바랍니다.
I hope we can exchange frank opinions on the major points.

다시 한 번 생각해 주실 수 없을까요?
Can't you think it over?

정말 죄송하지만 그건 받아들일 수가 없습니다.
I'm awfully sorry, but I can't accept that.

그것에 대해서는 바로 대답을 드릴 수가 없습니다.
I can't give you an answer on that right away.

이제 좀 말이 되는 말씀을 하시는군요.
Now you're beginning to make sense.

정말 너무 깎으시는군요. 하지만 좋습니다, 제가 졌습니다.
You drive a hard bargain, but, OK, you win.

Unit 07   거래 조건

거래 조건을 제시해 주십시오.
Would you indicate your terms of trading?

FOB 조건으로 계약했으면 합니다.
We'd like to do it in accordance with an FOB contract.

보증 기간은 얼마나 되지요?
How long is the warranty?

일년 동안입니다.
It's good for one year.

보험 가입은 그쪽에서 해결하실 문제지요.
You'll have to take care of the insurance.

그 조건에 따르겠습니다. 하지만 이자는 별도로 지불하게 해 주십시오.
I'll go along with that, but let me pay the interest separately.

저희 회사는 D/A 거래에 관해서는 좀 까다롭습니다.
Our company has a strict policy regarding D/A transactions.

이 정보는 극비로 해 주십시오.
Please keep this information strictly confidential.

지급은 정확하게 해 주시고 지연되지 않도록 해 주십시오.
Please keep the payment date without any delay.

현금 거래만 하고 있습니다.
We do business only on a cash basis.

주문대금 지급은 선불 조건입니다.
Orders should be paid for in advance.

구입 수량의 예측은 2개월마다 내 주십시오.
Please submit the forecast of your purchase requirement every other month.

세부 거래 조건은 차후에 알려 드리겠습니다.
I'll let you know the details of the transaction conditions later.

제품의 소유권은 귀사의 창고에서 적하한 시점부터 귀사로 이전됩니다.
The title of the products will pass to you when they are loaded on a carrier at our warehouse.

Unit 08 계약 체결

계약 기간은 얼마로 할까요?
How long should we make the contract for?

미안하지만, 우리는 이미 JVC와 기계부품 구입에 관해 구두 계약을 맺었습니다.
I'm sorry but we've already made a verbal agreement with JVC to purchase their machine parts.

이젠 다 합의가 된 것 같군요.
We've been able to come to an agreement.

그 문제만 해결된다면, 기꺼이 서명하겠습니다.
If we could get past that problem, we'd be ready to sign.

계약서는 다 작성되었으니까 이제 서명만 하시면 됩니다.
The contract's all drawn up and ready to sign.

그럼 계약서에 서명하시겠습니까?
You'll sign a contract then?

지금까지 합의된 사항을 다시 한번 검토해 봅시다.
Let's review what's been agreed upon so far.

계약서의 유효 기간을 3년으로 하고 싶습니다.
We'd like to have the agreement be effective for three years.

계약은 자동적으로 연장됩니다.
The agreement is extendable automatically.

그런 조건들이라면 계약을 받아들이겠습니다.
Under those terms, we can accept the contract.

계약 안에 추가하거나 수정하고 싶은 사항이 있습니까?
Do you have anything to add or modify on the contract?

새 계약에 서명하기 전에, 먼저 지난번의 클레임이 해결되어야만 합니다.
Before we sign the new contract, the old claims have to be settled first.

죄송하지만, 이 건에 대해서는 거래가 불가능하겠습니다.
I'm afraid we won't be able to work with you on this matter.

재고해 주시기 바랍니다.
We would appreciate your reconsideration.

Unit 09 가격 협상

좋아 보이긴 하는데 가격이 다소 비싼 편입니다.
Looks good, but it's a little on the high side.

가격을 조금만 깎아 주시면 대단히 고맙겠습니다.
I'd appreciate it very much if you could reduce the cost slightly.

아무래도 가격을 10% 깎아 주셔야 하겠습니다.
We have to ask you for a 10% reduction.

10%는 절대 불가능합니다.
I'm afraid 10% is out of the question.

90달러로 하시든가 아니면 방법이 없습니다.
I am afraid it's $90.00 or nothing.

귀사의 주문 수량으로는 가격을 깎아 드릴 수가 없습니다.
I can't lower the price with the quantity of your order.

제가 드린 가격은 정말 저희의 최저 가격입니다.
Those are positively our rock bottom quotations.

10달러 50센트가 저희의 최저 가격입니다.
Ten dollars and fifty cents is our best price.

대량 주문이기 때문에 특별 가격에 해 드린 겁니다.
That was a special price, considering the large amount of your order.

그건 거저 주는 거나 마찬가지지요.
That'd practically be giving it away.

절충을 합시다. 30%를 깎아 주세요.
Let's compromise. Give me 30% off.

원가 상승으로 인해, 어쩔 수 없이 가격 인상을 했습니다.
We have been forced to raise our product prices due to increases in costs.

제시하신 가격은 원가 이하입니다.
The prices you offered are below cost.

그 가격은 받아들일 수가 없습니다.
We cannot accept such prices.

Unit 10 주문

어떤 모델을 주문하실 것입니까?
Which model do you want to order?

에어컨을 주문하고 싶습니다.
I'd like to order the air-conditioners./I'd like to place an order for the air-conditioners.

추가 주문을 하고 싶습니다.
I'd like to make an additional order.

물량은 대충 어느 정도로 생각하고 계시지요?
Approximately how many units did you have in mind?/What quantity did you have in mind?

5,000개가 필요한데 주문에 응해 주실 수 있습니까?
I need five thousand. Can you fill this order?

첫 주문으로 모델당 100대씩만 하지요.
Let's say a hundred of each to start with.

모델번호 P-12의 최저주문수량을 좀 줄여 주실 수 없을까요?
Do you think you could decrease the minimum quantity on model No. P-12?

현재로는 1,500개밖에 없습니다.
We've only got about fifteen hundred at the present time.

각 모델당 200대씩 주문을 하시면 20% 할인해 드리겠습니다.
Make it 200 of each and you've got yourself a 20% discount.

판매망을 확장했기 때문에 주문량을 배로 늘릴 수도 있습니다.
We've expanded our distribution network, so we will be ready to double our order.

모든 주문은 이번 주까지 확정되어야 합니다.
All orders must be placed by the end of this week.

보내 주신 가격 조건으로 구매하고자 합니다.
According to these prices, I'd like to make a purchase.

최근의 주문을 불가피하게 수정해야겠습니다.
We have found we must revise a recent order.

제품 생산이 중단되어 주문을 받을 수 없습니다.
The production line was discontinued so we cannot fill this order for you.

Unit 11 지불 방식

What are your terms of payment?

지불은 미 달러로 하겠습니다.
Payment will be made in U.S. dollars.

결제는 신용장으로 하겠습니다.
Settlement will be made by a letter of credit.

이 가격은 세금 포함입니다.
The price includes tax.

이 가격은 공장도입니다.
The price is ex-factory.

이 가격은 FOB 뉴욕입니다.
The price is FOB New York.

지불일은 송장의 일자로부터 20일 내로 하겠습니다.
The terms of payment will be net 20 days from the invoice date.

지불 지연에 대해서는 월 2%의 수수료를 받습니다.
Late payment will be assessed a service fee of 2% per month.

수입자가 관세를 지불합니다.
The importer will pay customs duties.

지불은 양측의 합의하에 이루어질 것입니다.
Payment will be made under the terms to which both parties have agreed.

신용 구매할 수 있습니까?
Can I get it on credit?

12개월 할부로 계산하고 싶습니다.
I'd like to take the one year plan.

매월 할부금이 얼마입니까?
How much would my monthly payments be?

일반적으로 해외시장일 경우에는, 주문 시 주문총액의 25%, 배달 시 50%, 공장에서 선적 후 25%를 지불하도록 되어 있습니다.
Generally, for a foreign market, 25% of the total of the order will be paid when the order is received, 50% when delivered and 25% after the shipment of the order from our port.

Unit 12 보증, 보험

보증 기간은 얼마나 됩니까?
How long is the warranty?

보험 처리 되나요?
Is this insured?

보증은 납품 후 1년간으로 합니다.
The warranty will be one year after delivery to you.

제조와 재료의 결함이 없는 것만 보증합니다.
We guarantee only that the product will be free from manufacturing and materials defects.

반송 시에는 저희가 배송료, 보험료를 부담합니다.
We will bear the cost of freight and insurance for return of the product.

모든 클레임, 손해, 해결책 등은 당사에서 책임을 지고 있습니다.
Our company will be responsible for all claims, damages and settlement.

이 보증은 부품 교체와 운송비가 포함되어 있습니다.
This warranty will cover costs for replacement parts and shipment.

그 장비는 재질이나 제조 기술상의 결함에 대해 최초 구매일로부터 12개월 동안 보증됩니다.
The equipment is guaranteed against defects in materials and workmanship for twelve months from the original date of purchase.

결함이 있는 제품은 보증 기간에는 반품 가능합니다.
The defective products can be returned during the warranty period.

고객에 의해 발생한 손상은 보증에 포함되지 않습니다.
The warranty doesn't cover damages caused by the customer.

ACC보험회사에 전쟁위험 보험 조건을 포함한 단독해손담보 조건으로 보험을 들었습니다.
We have opened insurance W.A., including War Risk Terms, with the ACC insurance company.

운송보험의 경우엔 보험료 납입 전에 발생한 사고는 보험자가 보상 책임을 지지 않습니다.
In terms of freight insurance, the insured is not responsible for all accidents before paying the insurance.

선박과 적재화물에 재난을 당했을 때는 위험을 면한 선주와 하주가 피해를 부담합니다.
When accidents are caused on ships and cargos on board, the ship's owner and the shipper take responsibility for damages.

Unit 13 제품 생산

그 제품은 현지에서 생산합니다.
We are producing the item in an overseas country.

생산 시설을 중국으로 이전했습니다.
We transferred our production facilities to China.

저희 공장은 모두 자동화되고 있습니다.
Our plant has been all automated.

그 생산 라인은 일주일에 1,000개의 스피커를 생산하고 있다.
The line puts out 1000 pieces of speakers a week.

현재 저희 공장이 이미 다른 주문들로 너무 바빠 조금도 여유가 없어요.
Our factory is already fully occupied with other orders at the moment.

파업 때문에 생산이 중단되었다.
Production came to a standstill because of the strike.

그 제품은 1년 전에 생산을 중단했습니다.
We stopped production on that last year.

저희도 하도급 일을 받습니다.
We do undertake sub-contracting work.

몇 달 전의 파업으로 생산이 많이 지연되었습니다.
Those labor strikes we had a few months back really held up production.

저희는 가능한 빨리 최대한 많은 수량을 생산할 수 있도록 전력을 다하겠습니다.
We'll go all out in getting as many off the production line as soon as possible.

즉시 그 일에 착수하겠습니다.
I'll get right on it.

생산 능력을 1일 8시간 노동 기준으로 계산하고 있습니다.
The production capacity is calculated on the basis of 8 working hours a day.

공장에 전화해서 생산이 어떻게 되어 가는지 좀 알아 보세요.
Call the factory and see how production is coming along.

납기에 맞추도록 전력을 다하도록 공장에 말해 주십시오.
Please tell the factory people to do their best to finish production on schedule.

Unit 14 제품 포장

특수포장은 10달러가 추가됩니다.
Special packaging is 10 dollars more.

확실히 안전하게 포장해 드리겠습니다. 비용은 저희 부담입니다.
We'll make sure that they are packed extra-safe at our own expense.

포장 용기에 따라 좀 비싸질 수 있습니다.
It can cost more depending on the type of packaging.

파손 방지 버블지로 포장해 주세요.
Please wrap the equipment in bubble wrap.

나무박스 포장 대신에 발포 처리된 두꺼운 판지로 포장할 수 있습니까?
Could you wrap them in foam cartons instead of the wood cartons?

깨지기 쉬운 물품은 종이박스 대신에 나무상자에 포장해 주세요.
Please pack the fragile items in wooden crates, as opposed to paper boxes.

습기로부터 물품을 보호해야 하니 상자 안을 채워서 포장해 주세요.
Please pack the goods in a carton with stuffing inside to protect the goods from moisture.

당신의 지시대로 포장했다고 확신합니다.
I'm sure your packing instructions were followed to the letter.

포장을 잘하여 손상을 미연에 방지해 주십시오.
Be sure to pack the goods properly to avoid any damage in shipment.

포장재의 재질이 나빠 구부러지고 부서지는 문제점이 있다.
There is a problem with the packing component which is easily bent and broken because of the terrible material.

포장은 저희 회사에서 사용하는 박스를 사용할 것입니까?
Can you accept our 'as is' packaging?

가능하다면 5kg짜리 100개를 단일 포장해서 받기를 원합니다.
We'd like to receive 5kg × 100 pieces in one package, if possible.

나무상자의 규격은 가로 6피트, 세로 4피트, 높이 3피트로 하였습니다.
Each crate measures 6ft × 4ft × 3ft.

Unit 15　선적과 발송

9월 말까지 선적할 수 있습니까?
Is it possible to ship by the end of September?

즉시 선적해 주실 수 있습니까?
Can you make the shipment immediately?

조금 빨리 선적해 주실 수 있습니까?
Could you make the shipment a bit earlier?

속달로 발송해 주실 수 있습니까?
Will you arrange an express delivery?

선적 준비가 완료되려면 얼마나 걸릴 것 같습니까?
How long do you think it'll take before the shipment will be ready to leave?

선적 지시를 전문으로 보내 주십시오. 귀하께서 즉시 선적 지시를 주시면 선적 일자를 2주일간 단축할 수가 있습니다.
Please give us your shipping instructions by cable. We can move up the shipping date by two weeks, if you give us instructions at once.

선적 방법은 어떻게 해 드릴까요?
How do you want it shipped?

두 차례로 나누어 선적해야겠어요.
We'll have to break it up into two separate shipments.

1,000타를 6월 1일에 선적해 드리고, 나머지 500타는 10월 30일에 선적해 드리겠습니다.
1,000 dozen will be shipped on June 1st and the remaining 500 on June 30th.

선적확인해 주세요.
Can you confirm my shipment?

출하가 3일 늦어졌습니다.
Shipment was delayed 3 days.

일주일 안에 물건이 인도될 것입니다.
We are sure that the products will be delivered within a week.

약속한 4월말에 선적을 완료하였습니다.
We made the shipment at the end of April, as we promised.

항공편으로 절반을 나머지는 배편으로 보내 주세요.
We'd like the products half by air and the rest by sea.

물건이 예정대로 완전한 상태로 도착하여 만족하시기를 바랍니다.
We hope that the goods will reach you in perfect condition and give you full satisfaction.

Unit 16　제품 결함

포장이 잘못되어 일부 제품이 파손되었습니다.
Some products were broken due to bad packaging.

제품의 품질이 견본과 다릅니다.
The quality of the goods delivered is different from the sample.

우리가 받은 물건이 주문한 것이 아니었습니다.
The goods we received were not what we ordered.

받은 상품이 이전에 샘플로 받은 것보다 상태가 좋지 않습니다.
The merchandise we received is inferior to the earlier sample.

정확히 20박스 부족하게 선적되어 왔습니다.
We received exactly 20 boxes less than what we ordered.

배가 갑자기 폭풍우를 만나서 바닷물이 포장 안으로 들어왔을 것이라고 생각됩니다.
The vessel went through rough a sudden rough sea and sea water penetrated the packing.

화물이 많이 손상이 되어 고객에게 공급할 수 없을 것 같습니다.
We found the contents were heavily damaged and could not possibly supply them to our customers.

얼마나 파손되었나요?
How many were damaged?

불량률은 약 40%입니다.
The rejection rate is about 40 percent.

제조자에게 클레임을 걸고 이 건을 즉시 조사하도록 하겠습니다.
I'll send a claim to our manufacturer and have them check the case immediately.

문제를 조사해 보고 자세한 내용이 밝혀지면 곧 알려 드리겠습니다.
I'll look into the matter and let you know as soon as I find out the details.

배송업체에 이 문제를 제기하셔야 할 것 같습니다.
You may have to take this matter up with the shipping service.

즉시 다른 제품을 발송해 주시기 바랍니다.
Please send another product immediately.

파손된 제품에 대해서는 검사 증명서를 검토하고 대체품을 항공편으로 보내겠습니다.
As for the broken products, we will send the replacement product by air after studying the inspection certificate.

Unit 17 지불 촉구

계좌를 조사해 봤지만 귀하의 지급은 없었습니다.
We have checked our bank account, but still have not received your payment.

그 청구서 지불이 20일이 지나고 있습니다.
The bill is now 20 days overdue.

잔금을 빨리 송금해 주시겠습니까?
Could you remit the balance by electronic transfer?

10월 말까지는 지급하셔야 합니다.
I think that your payment was required before the end of October.

지불이 늦어져서 죄송합니다. 2주 내에 지불하겠습니다.
We are very sorry to have delayed the payment. We will pay it in two weeks.

내일까지 수표를 주시겠습니까?
Could you let us have your check by tomorrow?

저희 회사에 20만 달러의 미불 잔고가 있습니다.
You have an outstanding balance of $200,000 with our company.

지불 지연에는 월 4%의 수수료가 청구됩니다.
We charge a service fee of 4% per month for late payments.

정확한 결제 날짜를 알려 주십시오.
Please let us know the exact payment date.

대금 만기일을 2005년 6월 3일로 연장해 주시기를 부탁합니다.
Please extend our payment date to June 3, 2005.

회계 장부를 점검해 본 결과 대금 지급이 누락된 것을 알았습니다.
We checked our records, and found that we have neglected payment.

1주일 내로 대금 지급이 되지 않으면 추심 기관에 의뢰할 수밖에 없습니다.
If we don't have payment within one week, we will have to turn this case over to a collection agency.

대금 지급이 1주일 내로 이루어지지 않을 경우, 차후 거래를 재고해 봐야 할 것 같습니다.
If you refuse to pay within a week, I'm afraid we will have to reconsider our business relations in the future.

5개월간 지불하지 않으셨습니다. 2주 내에 지불하지 않으시면 변호사와 의뢰할 것입니다.
You haven't made any payment for the last five months. If we don't receive payment within 2 weeks, we will have to turn this matter over to our lawyer.

Unit 18 청구서 오류

보내 주신 청구서에 몇 가지 오류가 있습니다.
There are several errors in the statement you just sent us.

보내 주신 청구서에는 약속하신 할인율이 반영되지 않았습니다.
The statement you sent us does not reflect your promised discount.

청구서 검토 후 오류를 발견했습니다. 총액이 $365,000이 되어야 합니다.
After reading your bill, we have found a mistake. The total should be $365,000.

저는 국제 전화를 걸지 않았는데, 청구서에는 들어 있습니다.
I didn't make an overseas call, but it's on the bill.

납품 인도 서류와 청구서의 숫자가 일치하지 않습니다.
The figures on the delivery documents and the invoice don't match.

청구서와 견적서의 금액이 다릅니다.
The amounts shown on the invoice and estimate are different.

타사의 청구서를 실수로 잘못 보냈습니다.
We accidentally sent you another company's invoice.

조사해 보고 어떤 잘못이 있으면 시정하도록 하겠습니다.
I'll look into it and try to get it corrected if there is any error.

송장에 오류가 있는 것 같습니다. 14개 팔레트라고 되어 있지만 실제로 41개를 받았습니다.
There seems to be an error on your invoice. You list 14 pallets but in fact, there are 41 pallets sent.

매번 선적에 문서 오류 문제가 있습니다. 꼼꼼히 체크해 주시기 바랍니다.
For each shipment it seems there are typos in the records. Please double-check them.

같은 날 출하한 타사의 수량을 실수로 귀사의 코드 번호로 입력했습니다.
We accidently entered the quantity of another company on the same shipping date instead of your company code.

이 화물 송장들이 또 잘못 적혀 있네요.
These invoice forms are filled out incorrectly again.

계산상의 오류가 있습니다.
There are errors in calculation.

수정된 청구서를 즉시 보내겠습니다.
We'll send the corrected bill to you right away.

Unit 19 납품 지연

지난달 말까지 보내 주신다고 하지 않았습니까?
You had assured us of the shipment by the end of last month.

내일 안으로 도착하는 것은 어려울 것이라고 말씀 드려야겠습니다.
I have to say it will be very difficult to deliver the products by tomorrow.

선적이 늦어져서 저희 쪽에서 불편을 겪고 있습니다.
We are having considerable inconvenience due to your delay.

되도록 빨리 상품을 배송하도록 조치를 취하겠습니다.
I'll make an arrangement to deliver the products as soon as possible.

예정대로 도착하지 않으면 전량을 취소하겠습니다.
We will cancel our entire purchase if they do not arrive as scheduled.

재고가 부족해서 납기가 늦어지고 있습니다.
Delivery has been delayed due to an inventory shortage.

화재로 배달이 늦었습니다.
We failed to meet the delivery date due to a fire.

직원들의 파업으로 선적이 늦어지고 있습니다.
Delivery of the goods has been delayed due to an employees strike.

최근의 운송 파업으로 새로운 원재료의 공급이 중지되어 한 달간 지연되었습니다.
The recent traffic strike held up supplies of new materials and resulted in a delay of a month.

발송을 빨리 하려고 노력하였으나 허사가 되었습니다.
We have made every possible effort to speed up delivery but unfortunately in vain.

지연은 2주일을 넘지 않을 것입니다.
We think the delay will not be more than two weeks.

선적 승인을 얻는 대로 바로 선적을 하겠습니다.
After receiving permission to make shipment, we will deliver right away.

지연을 사과 드리며 빨리 선적하도록 노력하겠습니다.
We apologize to you for this delay and we are doing our best to make shipment as quickly as possible.

선적을 빨리 하려고 특별한 수배를 하고 있으므로 1월 5일에 출항하는 다음 배를 이용할 수가 있습니다.
To make shipment as soon as possible, we are making special arrangements to ship and will be able to catch the next ship setting sail on January 5th.

Unit 20 손해 배상

저희가 손해 배상을 하겠습니다.
We'll compensate you for the loss.

클레임이 해결되지 않으면 거래는 끝입니다.
Either our claim gets settled or the deal is off.

저희 잘못이 아닌 손해 배상에 응할 수 없습니다.
We can't settle a claim that isn't our fault.

손해 배상의 정당성에 대해서는 의문의 여지가 없습니다.
There is no question when it comes to the legitimacy of our claim.

저희가 책임을 다 질 수 없습니다.
We can't assume full responsibility for it.

즉각적인 조치를 해 주셨으면 좋겠습니다.
I'd like you to take immediate action.

위와 같은 상황에서 보상의 차원으로 적절한 할인을 해 주시기 바랍니다.
Under the circumstances I would like to have a reasonable price reduction as compensation.

보상하는 차원에서 가격 인하를 해 주시기 바랍니다.
I would like to have a reasonable price reduction as compensate.

우리끼리 해결할 수 있을 것입니다.
We can work something out between ourselves.

반씩 양보해서 절충합시다.
What do you say we meet you halfway?

즉시 무료로 제품을 교체해 드리겠습니다.
We will replace the shipment immediately at no cost to you.

불량품을 최선의 가격으로 처분해 주시면 차액을 수표로 보내 드리겠습니다.
If you dispose of the damaged goods at the best price possible, we will send you a check for the difference.

현재로서는 운임 수취인 지급 조건으로 물건 전체를 반품할 수밖에 없습니다.
The only way we can take now will be to return all the goods to you with freight forward.

저희를 어떻게 원조하셔서 이 난항에서 저희가 극복할 수 있을지를 조속히 알려 주십시오.
We'd like to ask you to let us know immediately how you can help us in overcoming this difficulty.

Unit 21 자기 소개

김수진 전화 바꿨습니다.
This is Soo-jin Kim (speaking).
접니다.
This is she(he).
한국에서 전화 드리는 이정수입니다.
This is Jung-soo Lee calling from Seoul.
저는 BMW사의 마케팅 매니저입니다.
I'm Marketing manager of BMW.
접니다. 마이클 정.
It's me. Michael Jung.
기억하실지 모르겠는데, 지난번 미팅에서 만난 제임스 리입니다.
I wonder if you remember me, we met at the meeting. It's James Lee.
전화연락 받고 전화 드립니다. 저는 제너럴 모터스사의 테리 스미스입니다.
I'm just calling back. This is Terry Smith of General Motors.
좀 전에 전화 드린 사람인데요. 저는 크리스 한입니다.
I just called. This is Chris Han.

Unit 22 연결 부탁

잭 코너 있습니까?
Can I speak to Jack Conner?
린다 영 있나요?
May I speak to Linda Young?
마이크 있어요?
Is Michael there?
안녕하세요. 판매부장과 통화할 수 있을까요?
Hello. Could I speak to the sales manager?
미스터 리와 통화하고 싶은데요.
I'd like to speak to Mr. Lee.
관계자 아무나하고 통화하고 싶습니다.
May I speak to whoever is in charge?
켈리 넬슨이라는 이름을 가지신 분 계신가요?
Is there anyone there by the name of Kelly Nelson?
피터슨 댁입니까?
Is this the Peterson residence?
인사부를 부탁합니다.
Could I have Personnel, please?

Unit 23　상대방 확인

누구시죠?
Who's calling, please?
성함이 어떻게 되시죠?
May I have your name?
이름 좀 말씀해 주시겠어요?
Could you give me your name?
회사이름이 어떻게 되죠?
May I ask your company name?
(말씀하시는 분이) 누구시죠?
Who am I speaking to?
이름의 철자가 어떻게 됩니까?
How do you spell your name?
(아주 간단하게) 누구세요?
Who is this?
(직접적으로 이름을 묻지 않을 때는) 성함을 제가 모르겠는데요.
I don't have your name.
성함을 잘 못 들었거든요. 다시 말씀해 주시겠어요?
I didn't catch your name. Would you give me your name again?

Unit 24　용건 묻기

누구와 통화하고 싶습니까?
To whom would you like to speak?
누구와 통화하고 싶습니까? **Who are you trying to reach?**
특별히 통화하고 싶은 분 있습니까?
Is there anyone special you would like to speak with?
어느 부서에 전화하신 겁니까?
Which department would you like to speak to?
무슨 일이시죠?
What can I do for you? / May I help you?
실례지만 무슨 용건이시죠? **What is it about, please?**
왜 그분을 찾으시는지 물어도 될까요?
Can I ask you why you're trying to reach him?
그 사람과 무슨 얘기를 하려는지 물어도 될까요?
Can/May I ask you what you want to speak to him about?
왜 그 사람과 통화하려는지 물어 봐도 될까요?
Can/May I ask you for what you're wanting to talk to(with) him about?
무슨 일로 저를 보려고 합니까?
What do you want to see me about?

Unit 25 기다림과 연결

잠시만 기다리세요.
Hold on for a second, please.
끊지 말고 기다리세요. **Hold the line, please.**
잠시만 기다리시겠어요?
Would like to hold for a moment?
기다리게 해서 죄송합니다.
I'm sorry to have kept you waiting.
저희 인사과의 데이빗과 연결해 드릴께요.
I'll connect you with David of our Personnel division.
전화를 베이커씨에게 연결해 드리겠습니다.
I'll transfer your call to Mr. Baker.
담당자에게 연결해 드리겠습니다.
I'll put you through to the person in charge of the matter.
2077번과 연결해 주시겠어요?
Could I have extension 2077, please?
산드라 오와 연결해 드리겠습니다.
I'll get/put you through to Sandra Oh.
연결되었습니다. **You're through(connected).**

Unit 26 부재 이유

아파서 못 오셨습니다.
He called in sick this morning.
출장중입니다. / 뉴욕에 출장중입니다.
He's out of town on business. / He's in NY on business.
방금 사무실에서 나갔습니다.
She has just stepped out of the office.
지금 자리에 안 계신데요. / 자리에 없습니다.
She is not at her desk right now. / She's away from her desk.
점심 먹으러 나갔습니다.
He is out to lunch.
오늘 근무 안합니다. / 오늘 월차입니다.
He is not working today. / He's off today.
퇴근했습니다.
He's gone for the day. / He's gone home. / He left for home.
아직 출근 안했습니다. / 출근 전입니다.
He hasn't come here yet. / He hasn't come in yet.

Unit 27 부재 이외의 이유

지금 너무 바쁩니다.
I'm tied up at the moment. / I'm awfully busy at the moment.
몇 번에 전화하였습니까? **What number are you calling?**
전화 잘못 거셨는데요.
You must have the wrong number.
그런 이름 가지신 분 없는데요.
There is no one by that name.
죄송하지만 제가 지금은 관심이 없습니다. (통신 판매원에게)
I'm sorry, but I'm not really interested at this time.
지금 다른 분하고 통화중이신데요.
I'm sorry she's on another line, right now.
영어할 줄 아는 사람을 바꿔 드리겠습니다.
I'll get an English speaker for you.
구내번호가 바뀌었습니다. 새 번호는 2077입니다.
Her extension number has changed. Her new number is 2077.
다른 부서로 옮기셨습니다. **He moved to another office.**
회사를 관두셨습니다.
He no longer works here. / He quit working here.

Unit 28 부재 시 대응

그에게 전화하라고 할까요?
Should I have him call you?
나중에 그분께 다시 전화 주시면 안될까요?
Do you mind calling him again later?
123-4567번으로 전화해 보세요.
You can reach him at 123-4567.
이메일을 보내 보세요.
Please e-mail him. / Give him an e-mail.
핸드폰으로 전화해 보세요.
Why don't you call her at her cellular phone?
대신에 미스터 리와 통화하시겠습니까?
Would you like to speak with Mr.Lee, instead?
도와 드릴 수있는 사람을 바꿔 드릴게요.
Let me get someone who can help you.
저한테 말씀하세요. 제가 해결해 드릴 수 있을지 모르겠네요.
You can talk to me. Maybe I can answer your question. / Maybe I can handle it for you.
죄송합니다만 그녀는 지금 여기에 없습니다. 성함과 전화번호를 주시면 그녀에게 전화하라고 하겠습니다.
I'm sorry, but she's not here right now. If you give me your name and number, I'll ask her to call you back.

Unit 29 메모 남기기

메시지를 남기시겠습니까?
Can / May I take a message?

메시지를 남길 수 있을까요?
May I leave a message? / Could you take a message?

그에게 메시지를 전해 드릴까요?
Would you like me to give him a message? / Do you want me to take a message?

그녀에게 메시지를 전해 주실 수 있습니까?
Could you give her a message? / I'd like to leave a message for her.

그에게 전할 메시지가 있습니다.
I've got a message to send for him.

747-2341번으로 전화해달라고 전해 주세요.
Please tell him to call me at 747-2341.

그에게 되도록 빨리 전화해달라고 전해 주시겠어요?
Please ask him to call me as soon as possible?

그에게 편할 때 전화해달라고 전해 주세요.
Please ask him to give me a call when it's convenient.

Unit 30 복귀 후 연락

연락받고 전화 드립니다.
I'm returning your call.

오늘 아침에 전화하셨다는 것을 방금 들었습니다.
I've just heard you called me this morning.

전화 했었니?
Did you call me?

전화 기다리고 있었습니다.
I've been waiting for your call.

너무 늦게 전화 드리는 건가요?
Am I calling too late?

전화통화하기가 정말 힘드네요.
It's really hard to reach you by phone.

어제는 전화를 드릴 수가 없었습니다.
I couldn't return your call yesterday.

빨리 전화 주셔서 감사합니다.
Thanks for being prompt in returning my call.

이렇게 늦게 전화해서 죄송합니다. 무슨 일이시죠?
I'm sorry to call you this late. How can I help you?

Unit 31 안부 전화

어떻게 지내셨습니까?
How are you? / How's everything?

오랜만에 통화하는군요.
It's been a long time since we last talked.

이제야 겨우 통화하게 되는군요.
I'm glad that I could reach you at last.

늦은 시간에 방해하는 게 아닌지 모르겠습니다.
I hope I'm not disturbing you so late.

사업은 어떻습니까?
How is your business?

별일 없습니다.
Nothing in particular.

아주 좋습니다.
Much better. / (Things) couldn't be better.

그럭저럭 지냅니다. 항상 똑같지요.
Just so so.

그다지 좋지 않습니다.
Not so good.

Unit 32 문의 전화

회사 주소 좀 가르쳐 줄 수 있습니까?
Would you give me your office address?

회사 영업시간이 어떻게 됩니까?
What are your business hours?

현지 시각과 날씨를 알려 주실 수 있나요?
Could you tell me the local time and weather?

새 모델에 대한 정보를 주실 수 있습니까?
Do you have any information on the new model?

카달로그를 보내 주실 수 있습니까?
Would you mind sending us your catalogue?

그 계획에 대한 상세정보를 주실 수 있는지 궁금합니다.
I wonder if you give me more details about the project.

언제 새 품목을 출시하실지 궁금합니다.
I'm wondering when you put the new product on the market.

언제 저희 제안에 대한 답을 들을 수 있을까요?
How soon can we expect your answer to our proposal?

Unit 33 확인 전화

퀵으로 서류를 보냈는데 받으셨나요?
I'm calling to make sure you received the documents sent by quick service.

웹하드에 최신자료를 올려 드렸는데 받아 보셨나요?
We uploaded our latest data on Web-hard. Did you receive it?

이메일을 보냈는데 확인을 안하셔서 확인부탁 차 전화 드립니다.
I'm calling to ask you to check my email to you. I'm afraid you haven't checked it yet.

샘플을 소포로 어제 보내 드렸습니다. 받아 보셨습니까?
We sent you our sample by parcel post. Have you received it?

그 건은 어떻게 되어 가고 있나요?
How is the project going? / Where does it stand?

가능한 빨리 그 건을 확인하겠습니다.
We will look into this matter as soon as possible.

대금을 아직 받지 못했습니다. 송금에 문제가 없었는지 확인해 주시기 바랍니다.
We haven't receieved your payment. Please make sure there were no problems when transferring the funds.

확인해 보겠습니다.
I'll check. / Let me check.

Unit 34 항의 전화

저희가 발주한 것과 다른 것을 보내셨습니다.
You have sent a different item from what I ordered.

보내주신 품목들이 파손되었습니다.
The items you've sent are broken.

가능한 빨리 결제해 주시기 바랍니다.
We would like you to make the payment as soon as possible.

거래를 중단할 수도 있습니다.
We may break off our business relationship.

거래를 재고해야 할 것 같습니다.
I'm afraid we will have to reconsider our business relationship.

귀사의 가격이 생각보다 비싼 것 같습니다.
Your price is a bit higher than we had expected.

선적 지연에 대해 항의하려고 전화 드립니다.
I'm calling to complain of the delay in shipment.

귀사의 제품에 문제가 있습니다.
We have a problem with your products.

Unit 35 감사 전화

시간 내 주셔서 감사합니다.
Thank you for your time. / I appreciate your time.
저희 회사에 전화 주셔서 감사합니다.
Thank you for calling us.
신속히 처리해 주셔서 감사합니다.
We really appreciate your quick action.
공장을 구경시켜 주셔서 감사합니다.
Thank you for showing me around the factory.
주문해 주셔서 감사합니다. 준비되면 전화 드리겠습니다.
Thank you for your order. We'll call you when it's ready.
30% 거래 할인에 감사 드립니다.
Thank you for the 30% trade discount.
수고를 많이 해 주셔서 감사합니다.
I really appreciate all the trouble you've gone to.
신경 써 주셔서 감사합니다.
Thank you for thinking of me.
회사 파티에 초대해 주셔서 감사합니다.
I just wanted to say thank you for inviting me to your company party.

Unit 36 약속 잡기

약속을 잡을 수 있을까요?
Can we make an appointment, please?
6월 3일에 만나는 약속을 할 수 있을까요?
Could I make an appointment to see you on June 3rd?
언제 편하십니까? **When are you free?**
금요일 오후 스케줄은 어떻습니까?
How is your schedule on Friday afternoon?
월요일 2시에 괜찮으십니까? **Are you open Monday at two?**
몇 시가 편하십니까?
What time would be most convenient for you?
언제가 더 편한지 말씀해 주세요.
Please let me know which is more convenient for you.
그날은 비워 두십시오. **Please keep that day open.**
전화로 말하기가 힘들군요.
It's too difficult to go over with you on the phone.
만나서 이야기합시다.
Let's meet and talk about it.
시내 사무실의 그랜트씨가 만날 약속을 잡고 싶어합니다.
Mr. Grant from the downtown office wants to set up an appointment with you.

Unit 37　약속 대답

저는 몇 시라도 괜찮습니다.
Any time is all right with me.
저는 괜찮을 것 같습니다.
That will be fine with me.
5월 25일은 비어 있습니다. (만날 수 있다.)
I'm free on May 25th.
약속되었습니다. (약속 확정) **It's settled.**
언제가 편할지 말씀 해보세요. **Any time. You name it.**
선약이 있는데요.
I've got a previous appointment.
그날은 약속이 꽉 찼습니다.
I'm fully booked on that day.
그날은 안될 것 같은데요.
I don't think I can make it at that time.
1시간 당겨서 만날 수 있나요?
Could you make it 1 hour earlier?
다음 달쯤에 만나기로 합시다.
Let's make it some day next month.

Unit 38　약속 정정

조금 일찍 만날 수 있을까요?
Why don't we make it a little earlier?
약속을 두 시로 당깁시다.
Let's move our appointment ahead to 2:00.
얼마나 늦을 것 같습니까? **How late are you going to be?**
5월 1일 약속을 취소하고 싶은데요.
I have to cancel our meeting on May 1st.
그가 여행에서 돌아올 때까지 약속을 연기하려고 합니다.
We'll put off the meeting until he comes back from the trip.
갑자기 일이 생겨서 1시 미팅에 못 갈 것 같습니다.
Something has come up and I can't make our 1:00 meeting.
5시 30분 약속에 못 맞출 것 같습니다.
I'm afraid I won't be able to make our 5:30 appointment.
내일 예약을 일요일로 연기해야 할 것 같습니다.
We're going to have to postpone our reservation for tomorrow to Sunday.
다른 곳에서 만날 수 있을까요?
Can I meet you somewhere else?
내일 약속을 오늘로 바꾸는 건 어떻습니까?
How about changing our appointment from tomorrow to today?

Unit 39   약속 확인

그 사람과의 약속을 확인하려고 전화 드립니다.
I'm calling to confirm my appointment with him.
만나는 데 변동이 없죠?
Are we still meeting up as planned? / Are we still on?
늦지 마세요.
Make sure you are on time.
약속을 체크하려고 전화 드립니다.
I'm calling to check our appointment.
11월 11일 2시 미팅이 여전히 유효한지 체크 좀 하려고요.
I'm double-checking that 2:00 p.m. on November 11 is still ok for our meeting.
약속을 확인하려고 전화하려던 참이었어요.
I was going to call you to confirm our meeting.
6월 17일 금요일 오후 1시 약속에 변함이 없는지 확인하고자 합니다.
I'd like to confirm that we're still on for this Friday, June 17th at 1:00.

Unit 40   약속 트러블

조금 늦을 것 같습니다.
I'm afraid I'm going to be a little late.
약속 장소의 위치가 정확히 어떻게 됩니까?
Where exactly is the place we are supposed to meet?
눈에 띄는 것(표지판, 건물)이 있습니까?
Is there any landmark?
미팅 장소에 나왔는데 아무도 안 보입니다.
I'm here at the appointment place, but I see no one here.
만나기로 한 날짜를 잘못 안 것 같습니다.
I'm afraid I was confused with the date of appointment.
약속 장소가 바뀐 것을 늦게 알려 드려서 죄송합니다.
I'm sorry that I didn't inform you earlier that the meeting place has changed.
제가 장소에 못 나가고 동료를 대신 보냅니다.
I'm afraid I won't be able to make it for the appointment but my colleague will be there for me.
차가 막혀 정시에 도착 못할 것 같습니다.
There is too much traffic, so I'm afraid I won't be there on time.
먼저 회의를 진행하고 계십시오.
Would you start the meeting without me?

Unit 41 다시 묻기

듣고 계세요?
Are you listening? / Are you with me?
다시 한 번 말씀해 주세요.
Could you repeat that? / Come again?
좀 천천히 말씀해 주시겠어요?
Could you slow down a bit?
잘 들리세요?
Do you hear me cleary?
목소리를 좀 낮춰 주시겠어요?
Could you keep your voice down? / Could you speak a little more softly?
알아들으셨어요?
Do you understand what I'm saying?
더 크게 말씀해 주시겠어요?
Will you speak louder?
저한테 다시 읽어 주시겠어요?
Would you read it back to me?

Unit 42 전화기 문제

수화기가 고장난 것 같습니다.
My phone is not working right. / The phone seems to be out of order.
다른 사람 목소리가 들려요.
I hear someone else talking on the same line.
혼선이 된 것 같습니다.
The line seems to be mixed up.
전화가 끊겨 버렸습니다.
I was cut off.
감이 멀군요.
We have a bad connection.
잡음이 많습니다.
There is a terrible noise.
전화가 먹통이에요.
The line is dead.
The line just went dead.
다른 전화기로 받을게요.
I'll switch over to another phone.
들렸다 안 들렸다 해요.
Your voice goes on and off.

Unit 43 장거리, 수신자 전화

미국으로 국제전화를 걸고 싶습니다.
I want to place an overseas call to the U.S.

한국의 부산으로 수신자부담 전화를 걸 수 있을까요?
Can I make a collect call to Busan in Korea?

메리 밀러씨에게서 수신자부담 전화가 왔습니다. 받으시겠습니까?
You have a collect call from Ms. Mary Miller. Will you accept?

토론토의 스미스씨에게서 장거리전화가 왔습니다.
This is a long distance call from Mr. Smith in Toronto.

국제전화입니다.
This is an overseas call.

어떤 통화 방법으로 하시겠습니까? 번호통화나 지명통화를 하시겠어요, 아니면 수신자부담 전화 통화를 원하십니까?
What kind of call do you prefer? Station or Personal or Collect call?

방의 전화로 국제전화를 걸 수 있습니까?
Can I call overseas from the room phone?

국제전화 요금이 가장 쌀 때가 언제이죠?
When is the cheapest time to call overseas?

Unit 44 항공권 예매

할인 티켓은 없습니까?
Any tickets on discount? / Are any discount tickets available?

보스턴에서 시카고까지 가는 왕복 티켓 얼마입니까?
How much is a round-trip plane ticket from Boston to Chicago?

747기의 자리를 예약할 수 있을까요?
Can I reserve a seat on Flight 747?

오픈 티켓을 가지고 있는데 한국으로 돌아가는 비행기 좌석을 예약하고 싶습니다.
I would like to make a reservation to Korea with my open ticket.

마이애미까지 가는 비행기 편이 있습니까?
Do you have any flights to Miami?

비행기747이 LA에 몇 시에 도착하게 됩니까?
What time does Flight 747 arrive in LA?

한국으로 돌아가는 비행기 편의 예약을 확인하고 싶은데요.
I want to confirm my return flight to Korea.

5월 7일 토요일 비행기를 취소해 주십시오.
Please cancel my flight for Saturday the 7th of May.

7월 23일 2003편의 예약을 변경하고 싶은데요.
I'd like to change a reservation for flight 2003 on July 23.

Unit 45 휴대폰 관련

배터리가 다 나갔습니다.
The batteries died on my cell phone. / I used up my batteries.

휴대폰이 진동이어서 못 들었습니다.
I didn't hear the phone ring. I had set it to vibration mode.

배터리가 다 되갑니다.
My phone's running out of batteries.

휴대폰을 진동으로 해 주세요.
Please put cell phones on vibrate or on silent mode.

아마 핸드폰을 꺼놓은 모양입니다.
He probably turned his cell phone off.

외근중이시니 핸드폰으로 연락해 보세요.
He's out of town on business, so call him on his cell phone.

배터리가 나가 전화하신 줄 몰랐습니다.
I didn't know you called me because my cell phone battery died.

핸드폰 문자로 전화번호를 찍어 주시겠어요?
Would you send the phone number by text message?